举重教练员岗位培训教材

国家体育总局科教司 审定

钱光鉴 主编

人民体育出版社

图书在版编目（CIP）数据

举重教练员岗位培训教材 / 国家体育总局科教司审定 . -- 北京 : 人民体育出版社 , 2019

ISBN 978-7-5009-4366-2

Ⅰ . ①举… Ⅱ . ①国… Ⅲ . ①举重—教练员—岗位培训—教材 Ⅳ . ① G884.025

中国版本图书馆 CIP 数据核字 (2017) 第 322060 号

*

人 民 体 育 出 版 社 出 版 发 行

北 京 建 宏 印 刷 有 限 公 司 印 刷

新 华 书 店 经 销

*

787 × 1092　16 开本　10.75 印张　242 千字

2019 年 10 月第 1 版　2019 年 10 月第 1 次印刷

*

ISBN 978-7-5009-4366-2

定价：48.00 元

社址：北京市东城区体育馆路 8 号（天坛公园东门）

电话：67151482（发行部）　　邮编：100061

传真：67151483　　邮购：67118491

网址：www.sportspublish.cn

（购买本社图书，如遇有缺损页可与邮购部联系）

编委会

主　编：钱光鉴

副主编：杨世勇　陈冬梅　杨华玉

编　委：陈宏道　李云卿　徐　旭　张　雷　顾峥华

前 言
PREFACE

党的十八大以来，党中央带领全国人民为实现中华民族伟大复兴中国梦踏上新的征程，“体育强国梦与中国梦紧密相连”，体育事业迎来了新的机遇与挑战。举重，作为我国竞技体育优势项目，几代人矢志不渝、孜孜不倦地追求、拼搏，创造了众多骄人的战绩，为祖国争得了无数荣誉。新时期、新形势下，为进一步筑牢我国举重事业发展基础、规范全国举重教练员岗位培训工作、以举重事业的科学发展助力体育强国梦的实现，根据国家体育总局关于全国教练员岗位培训教材编写工作的部署和要求，国家体育总局举重摔跤柔道运动管理中心高度重视、大力投入，由中心举重部具体负责实施，组织全国举重界资深专家、学者、教练员、裁判员及具有丰富培训经验的高校资深教师，成立了教材编写小组，并着手进行教材编写，从编写大纲到教材成稿，历时约一年时间。

本教材服务于“奥运争光计划纲要”“全民健身计划纲要”的贯彻实施，从奠定训练理论基础、提高执教能力及职业素养入手，旨在全面提高举重教练员的职业能力。教材全面对接举重教练员岗位职业标准与要求，供举重中、高级教练员岗位培训使用，亦可供举重运动员、裁判员及管理人员参考使用。

本教材根据教练员岗位技能的实际需要，遵循“实用、够用”原则，按照“知识与技能相结合，突出技能；基础与应用相结合，突出应用”的理念，分为专项技能篇和精英培养篇两大部分。两部分内容相互衔接，逐步深入，构成了较为系统、完整的教材内容。本教材注重以科学理论及事实为依据，吸纳举重运动最先进、最新颖的研究成果，具有较强的科学性；本教材注重妥善处理知识先进性与教材稳定性的关系，处理不同层次举重教练员应掌握的基本知识、技术及技能的关系，处理举重教学、训练理论与实践内容的关系，使之兼容并蓄，具有较广泛的应用性；本教材内容系统地涵盖了中、高级举重教练员应掌握的基本知识、技能，增加了实用的实例，具有较强的可操作性；本教材在保证内容体系完整的前提下，力求详略得当、重难点突出、文字表述准确生动，使教材通俗易懂，具有较强的可读性。

本教材是我国第一本正式的全国举重教练员岗位培训教材，标志着全国举重教练员岗位培训工作迈出了新的一步。随着我国举重运动不断发展与进步，还需后来者不断充实和完善。

《举重教练员岗位培训教材》编委会

2017年5月

目 录
CONTENTS

专项技能篇

精英培养篇

专项技能篇

第一章
举重运动员的体能训练

内容提要

本章主要介绍高水平举重运动员一般体能训练、专项体能训练和核心力量训练的概念、分类、作用、基本原理、训练方法及注意事项等。

学习目标

明确一般体能训练、专项体能训练和核心力量训练的概念、分类、作用、基本原理、训练方法及注意事项等，掌握具体的训练方法。

第一节　高级运动员的体能训练

体能是指运动员机体的运动能力，是竞技能力的重要组成部分，是运动员为提高技战术水平和创造优异成绩所必需的各种身体运动能力的综合。这些能力包括身体形态、身体机能、运动素质，其中运动素质是体能最重要的决定因素，身体形态、身体机能是形成良好运动素质的基础。

体能训练是举重运动员训练的重要组成部分，是结合专项需要并通过合理负荷的练习，改善身体形态，提高机体各器官系统机能，充分发展运动素质，促进成绩提高的过程。它是技术训练和战术训练的基础，并对掌握专项技术、承担大负荷的训练和激烈的比赛、促进身体健康、防止伤病及延长运动寿命等有重要意义。

举重高级运动员的体能训练主要指高水平举重运动员的身体形态、身体机能和运动素质的训练。

一、高级运动员的身体形态训练

（一）身体形态的概念

身体形态指人体的外部形态和特征。反映外部形态特征的指标有：高度（身高、坐高、足弓高等），长度（腿长、臂长、手长、足长），围度（胸围、臂围、腿围、腰围、臀围等），宽度（肩宽、髋宽）和充实度（体重、皮脂厚度等）等。反映内部形态的指标有：心脏纵横径、肌肉的形状与横断面等。

科学研究证明，环境和遗传等因素对身体形态有较大影响。例如：身高的遗传率男子为79%，女子为95%；体重的遗传率男子为50%，女子为42%。决定身体形态的其他一些指标也有相当大的遗传度。

（二）举重运动员的身体形态

举重是按体重分级别比赛的项目，运动员的体型特征是小级别身材较矮小，大级别身材相对较高大，总体特征是体格健壮，体形匀称，骨骼粗大，胸脯厚实，皮下脂肪少，肌肉线条明显，四肢发达有力，肩宽，手指长，臀部肌肉紧缩上收等。

2005 年 10 月，科研人员通过调研和测量参加第 10 届全国运动会男女举重决赛各级别前 15 名运动员，获得了我国男女举重各级别高水平运动员身高的数据。男子 8 个级别的平均身高为：56 公斤级 155.7 厘米，62 公斤级 158.9 厘米，69 公斤级 163.1 厘米，77 公斤级 167.1 厘米，85 公斤级 170.2 厘米，94 公斤级 171.6 厘米，105 公斤级 175.6 厘米，+105 公斤级 181.2 厘米。女子 7 个级别的平均身高为：48 公斤级 152.5 厘米，53 公斤级 154.8 厘米，58 公斤级 157.1 厘米，63 公斤级 160.1 厘米，69 公斤级 162.1 厘米，75 公斤级 164.1 厘米，+75 公斤级 170.2 厘米。上述统计数据，可以作为举重运动员选材和训练的重要参考。

（三）身体形态训练的要求

身体形态与举重成绩有密切联系，选材时应从遗传等因素出发，把具有优越身体形态条件的儿童挑选出来。身体形态在一定程度上反映着相应的生长发育水平、身体机能水平和竞技水平，影响着运动素质的发展。因此，应采用系统科学的方法对举重运动员的身体形态进行训练，以适应创造优异专项成绩的需要。

身体形态训练应注意遗传因素的影响，要根据举重项目特点安排身体形态训练，要根据生长发育的形态特征安排身体形态训练，要采用多种方法和手段改善身体形态。

二、高级运动员的身体机能训练

身体机能是指运动员有机体各器官系统的功能，它是身体活动能力的基础。良好的身体机能是达到高水平体能的重要基础，也是体能训练涉及的重要内容。

人体生理机能包括中枢神经系统、心血管系统、呼吸系统、消化系统、生殖系统、内分泌系统、物质和能量代谢、感官、体温等。举重训练中经常涉及的身体机能指标主要有心率、血压、血红蛋白、血睾酮等。

（一）举重运动员身体机能评定参考范围标准

①心率（HR）：45~80 次/分（安静状态）。
②血压（BP）：90~140mmHg（收缩压），60~90mmHg（舒张压）。
③血红蛋白（HB）：男子 130~160g/L，女子 120~150g/L。
④红细胞（RBC）：3.5~5.6（×1012 个/L）。
⑤细胞压积（Hct）：35%~47%。
⑥红细胞分布宽度（RDW）：11.0%~15.0%。
⑦血清铁蛋白（SF）：40~150μg/L。
⑧白细胞（WBC）：4.0~11.0（×109 个/L）。
⑨CD2/CD8：0.7~2.0。
⑩NK 细胞：7.0%~38.0%。
⑪免疫球蛋白 G（IgG）：8~16g/L。
⑫免疫球蛋白 M（IgM）：1.4~4.2g/L。
⑬免疫球蛋白 A（IgA）：0.5~1.9g/L。
⑭血清睾酮（T）：男 280~1000ng/L，女 10~100ng/L。
⑮血清肌酸激酶（CK）：男 10~300U/L，女 10~200U/L。
⑯血清乳酸脱氢酶（LDH）：125~290U/L。
⑰血乳酸（Bla）：小于 2mmol/L（安静时）。
⑱乳酸无氧阈：4mmol/L。
⑲主要糖酵解代谢区：大于 12mmol/L。
⑳血尿素（BUN）：4~7mmol/L。

（二）举重运动员身体机能恢复状态评定参考标准

①心率（HR）：晨安静时恢复到个人正常范围。
②血红蛋白（HB）：恢复到个人正常范围或自身的高水平上。
③血清睾酮（T）：恢复到个人正常范围或自身的高水平上。
④血乳酸（Bla）：运动后消除快，恢复时间短，表示机体的恢复能力强。
⑤血尿素（BUN）：晨安静值在 7mmol/L 以下。
⑥尿蛋白（PRO）：运动后 4 小时或次日晨尿蛋白消失。

（三）举重运动员赛前身体机能的综合评定（最佳身体状态评定）

①心率（HR）：呈稳定状态。
②白细胞（WBC）：处于本人正常值的上限。
③血红蛋白（HB）：处于本人最高水平上。

④血尿素（BUN）：晨安静时保持在正常范围内（5~7mmol/L）。

⑤血清睾酮（T）：保持在自身参考范围或自身的最高水平上。

⑥尿常规指标：晨安静时，各指标均在正常参考内。

（四）举重运动员训练负荷量监控指标及评定参考值

①心率（HR）：根据本人最大心率百分数评定。

②血乳酸（Bla）：运动后上升的幅度大，表示运动强度大，训练适应后升高幅度减小。

③乳酸无氧阈：4mmol/L。

④主要糖酵解代谢区：大于12mmol/L。

⑤血尿素（BUN）：运动后增值大，表示负荷量大或机能下降；训练适应后增值减小。运动后以小于8.0mmol/L为宜。

⑥血清肌酸激酶（CK）：CK的活性越高，表示训练强度越大；适应后升高幅度减少。

良好的身体机能是达到高水平运动成绩的先决条件，身体机能的许多指标既受遗传决定，也受环境影响，同时又有变异性，因此必须采用系统、科学的方法提高身体机能。身体机能的训练主要通过专项训练、运动素质训练的途径去实现。科学合理的运动素质训练和专项训练可以有效地发展运动员的身体机能，而运动员身体机能水平的提高又能有效地促进体能训练水平和专项成绩的提高与发展。

三、高水平运动员的运动素质训练

运动素质是指机体在中枢神经系统控制下，在运动时所表现出来的各种基本运动能力，通常包括力量、速度、耐力、柔韧、灵敏等。

运动素质训练是指运用各种有效的手段和方法，通过增进健康、改善身体形态、提高机能能力、充分发展运动素质，从而提高机体承受运动负荷能力的训练。

运动素质训练的主要任务就是发展专项和一般运动素质，提高人体机能能力，为掌握完善的运动技术和提高举重成绩打下良好基础。

运动素质训练应遵循以下要求：

第一，按照儿童和青少年运动素质发展的客观规律进行训练。

第二，在运动素质发展的敏感期充分发展专项运动素质（力量发展的敏感期为11~16岁，速度为8~13岁，耐力为10~20岁，柔韧为5~12岁，灵敏为6~13岁）。

第三，专项素质训练和一般素质训练相结合。

第四，运动素质训练和技术训练相结合。

举重是在极短的时间内通过抓举和挺举技术爆发出最大力量的运动项目。举重运动员的体能训练包括专项体能训练和一般体能训练。

第二节　高级运动员一般体能训练

高级举重运动员的一般体能训练主要指发展运动员一般身体形态、身体机能和运动素质的训练。其中以发展一般运动素质的训练为主，其主要内容如下。

①弹跳力和爆发力练习：纵跳、立定跳远、多级跳、跳台阶、跳上山羊、跳深等。

②速度练习：30 米、50 米、100 米的短距离冲刺跑，或其他以短跑为主要内容的游戏。

③灵敏和协调性练习：技巧运动的翻腾练习，篮球、足球练习和其他专门练习等。

④耐力练习：球类活动和比赛、连续跳绳、中距离越野跑。

⑤柔韧性练习：举重运动对肩、肘、腕、髋、膝、踝等关节部位的柔韧性要求较高，又由于肌肉力量的增长对关节起加固作用，因此，在训练的全过程中，必须坚持柔韧性的练习，否则随着力量的增强、肌肉的增大，将可能使关节变僵。其主要练习内容有压肩、转肩、吊肩、压肘、转肘、压腕、压踝、压腿、体前后屈、劈叉、倒立等。

举重运动员每周至少安排一次一般体能训练，其中柔韧性练习主要在准备活动中安排。

第三节　高级运动员专项体能训练

高级举重运动员的专项体能训练主要指与举重运动紧密结合的身体形态、身体机能和运动素质训练。其中与专项体能训练结合最紧密，与专项成绩相关性最大的训练内容是专项力量、专项速度、专项耐力和专项技术协调性训练等。专项力量又包括最大力量、速度力量（爆发力）、力量耐力，其中最大力量是举重运动员竞技能力的重要决定因素。

举重实践证明，在运动员技术完善的情况下，后深蹲最大力量指标与抓举成绩的比例为：100%（后深蹲最大力量）×0.62＝抓举成绩；后深蹲最大力量指标与挺举成绩的比例为：100%（后深蹲最大力量）×0.81＝挺举成绩（罗曼，1975）；实力推举与挺举成绩的比例约为：100%（实力推最大力量）×2＝挺举成绩。因此最大力量水平与举重专项成绩紧密联系。

表 1-1 所示为参加第 29 届北京奥运会的中国举重队主要专项力量指标水平。

表 1-1　2008 年北京奥运会中国举重队员主要专项力量指标水平①

姓名	性别	级别	体重	抓举	挺举	前蹲	后蹲	宽硬拉	窄硬拉	高抓	高翻	架上挺
陈燮霞	女	48	49.45	100	126	145	170	130	153	87	105	140
陈艳青	女	58	60.3	106	136	160	170	160	170	90	115	—
刘春红	女	69	71.45	133	165	200	215	185	205	114	141	155
曹　磊	女	75	75.75	130	155	195	210	160	190	105	125	160
龙清泉	男	56	58.9	132	165	200	210	180	200	115	145	—
张湘祥	男	62	65.3	145	180	205	220	195	215	132	160	—
廖　辉	男	69	72.9	160	195	240	260	230	260	145	170	—
李宏利	男	77	80.1	168	200	250	270	240	260	150	170	—
陆　永	男	85	86.3	180	214	251	270	255	275	155	185	—

（引自：杨世勇．体育院校通用教材　举重运动教程［M］．北京：人民体育出版社，2014.）

（1）专项力量主要以发展抓举、挺举所需的上肢支撑力量、腰背力量和腿部力量为主。

①发展抓举力量的辅助动作主要有：高抓、直腿抓、高翻、宽拉、宽硬拉、弓身、颈后宽借力推、卧拉、直立提肘拉、颈后宽握、引体向上、负重挺身、抓举支撑蹲等。

②发展下蹲翻力量的辅助动作主要有：直腿高翻、分腿高翻、箭步翻、半高翻、膝上高翻、膝上下蹲翻、窄拉、硬窄拉、前蹲、后蹲、坐蹲、耸肩、提肘拉、下蹲翻接前蹲等。

③发展上挺力量的辅助动作主要有：架上挺、颈后挺、借力推、半挺、预蹲、预蹲发力、预蹲静力、实力推、坐推等。

（2）专项速度主要通过 75%～90%强度的抓举、挺举技术练习和半技术动作来发展专项速度。重点应加强发力阶段的速度训练，使杠铃呈加速度上升。

（3）专项耐力主要通过专项力量训练和专项技术训练来发展专项耐力。专项耐力的发展是建立在良好的一般运动素质基础和一般耐力基础之上的。

（4）协调性包括一般协调性和专项协调性。一般协调性通过一般身体训练和运动素质的发展来提高。专项协调性主要表现在举重时杠铃上升的节奏性和准确性上。专项协调性的提高有赖于灵敏素质的发展和对技术动作的准确掌握，并通过专项技术训练来发展。

①表 1-1 是参加 2008 年北京奥运会的中国男女举重队员赛前主要专项成绩和力量指标水平。

第四节 高级运动员核心力量训练

核心力量训练最初只是作为一种有效的康复训练手段应用于医疗和健身领域，随着神经肌肉系统训练、本体感受性训练及运动链理论的提出，人们发现核心力量训练不仅适用于康复医疗领域，而是对几乎所有的竞技运动项目力量的发展都有积极作用和功效。核心力量训练已成为运动训练的热点和受到广泛关注的问题。

高级举重运动员的核心力量训练仅是对举重专项力量训练的一种补充或调节，它可以补充举重专项力量训练的一些不足，有利于预防运动损伤。核心力量训练不能代替举重专项力量训练。

一、核心力量训练概述

（一）核心力量的相关概念

1. 核心与核心区

核心（core）通常指人体的躯干，主要包括腰椎、髋关节、骨盆及其周围的肌群、韧带和结缔组织。

核心区（core area）在解剖学上是指以膈肌为顶，盆底肌为底且包括髋关节在内的区域（图 1-1）。从腰椎—骨盆—髋关节的解剖学角度来看，核心肌群由 8 对骨盆肌、11 对大腿肌、9 对背肌、5 对腹肌加 1 块膈肌共 33 对+1 块组成，其中有 7 对+1 块的肌肉的起止点均在核心部位（表 1-2）。这些肌肉不仅对核心区有固定作用，而且在人体运动中起到稳定、传导力量、发力、减力等作用。加强这些肌群的力量练习，对人体在运动过程中保持平衡有重要意义。

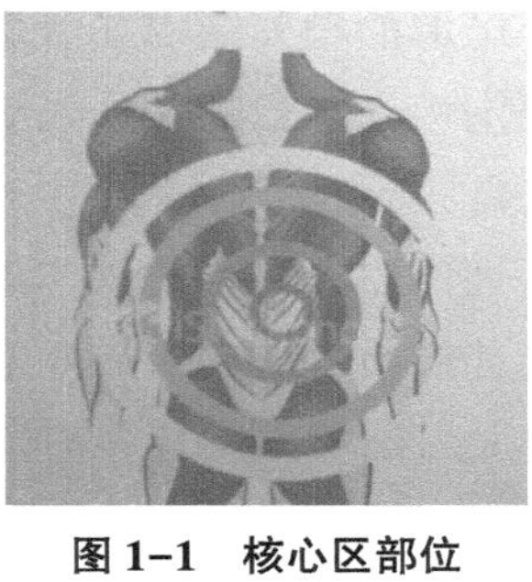

图 1-1 核心区部位

（引自：王卫星．核心力量训练，2011.）

表 1-2　核心区的肌肉起止点分布及数量

肌群	肌肉名称		
	起止点都在核心（7 对+1 块）	起点在核心（25 对）	止点在核心（1 对）
盆带肌（8 对）		髂肌、腰大肌、梨状肌、臀大肌、臀中肌、臀小肌、闭孔内肌、闭孔外肌	
大腿肌（11 对）		股直肌、缝匠肌、阔筋膜张肌、股二头肌（长头）、半腱肌、半膜肌、趾骨肌、长收肌、短收肌、大收肌、股薄肌	
背肌（9 对）	回旋肌、多裂肌、棘间肌、横突间肌	背阔肌、下后锯肌、竖脊肌（棘肌、最长肌、髂肋肌）	
腹肌（5 对）	腹内斜肌、腹横肌、腰方肌	腹直肌	腹外斜肌
膈肌（1 块）	膈肌		

（引自：黎涌明，于洪军，资薇，等．论核心力量及其在竞技体育中的训练、起源、问题、发展［J］．体育科学，2008，28（4）．）

2. 核心力量

核心力量（core strength）是指附着在人体核心区的肌肉群在神经支配下收缩所产生的力量。提高核心力量可以直接提高核心部位的稳定性，保持身体姿态，提高身体的控制能力和平衡能力，传递并提高肌力。

3. 核心区稳定性与核心专门性力量

（1）核心区稳定性

核心区稳定性是指人体核心区域的相关结构（骨骼、肌肉、韧带、筋膜等）所提供的一种稳定维持能力。核心稳定性训练目的是加强核心区相关部位的稳定性，使中枢神经系统能将肌群整合起来，更好地协调工作。

核心区是动作力量产生和传递的中心区，是人体动力链的中间环节，在人体多种形式和运动中，运动的力量从髋部发出然后向四周辐射，并为肢体创造支点使其能够协调用力和调控动作。当身体处于合适稳定的体位时，核心区的大肌群才能协调用力驱动髋关节的屈伸和躯干的旋转。

（2）核心专门性力量

核心专门性力量主要是指突出的身体动态稳定性和强大的核心部位力量。

核心肌群的发力，通过环节用力的叠加和“鞭打”技术的传递，从而完成高质量的起动、加速、变向、减速、挥臂、踢击、旋转等技术动作。

核心区稳定性与核心专门性力量之间互相渗透、互相促进、互相制约。

（二）核心稳定性涉及的肌群

核心稳定性涉及的肌肉可分为运动肌和稳定肌两个肌群（图 1-2）。

运动肌是指产生运动，为提高人的运动能力的肌群，也就是我们在传统训练中一直重视的大肌群（如腹直肌和竖脊肌）。

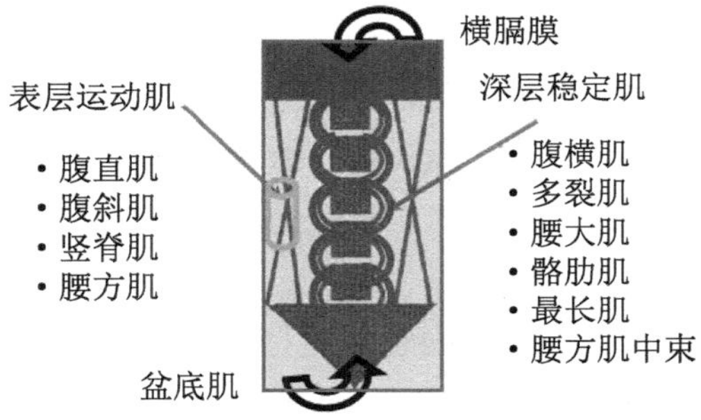

图 1-2　肌群分类图

（引自：杨世勇．高等学校教材　体能训练［M］．北京：高等教育出版社，2013.）

稳定肌是指能在运动中稳定关节和脊柱，防止受到运动损伤的肌群，也就是常常被忽略的深层肌群（如腹横肌）。

此外，核心肌群也可分为深层稳定肌和表层运动肌两类，详如表 1-3 所示。

表 1-3　核心肌群的分类及特征

	深层稳定肌	表层运动肌
位置	深层	浅层
形状	羽状	梭状
肌纤维构成	以慢肌纤维为主	以快肌纤维为主
主要工作类型	静力性（肌肉长度不变）	动力性（肌肉长度改变）
收缩影响因子	不受动作方向影响	受动作方向影响
主要功能	主要参与稳定和耐力运动	主要参与快速运动

（引自：杨世勇．高等学校教材　体能训练［M］．北京：高等教育出版社，2013.）

（三）核心力量的作用

举重运动是以中心肌群为核心，在整个运动过程中将不同关节的运动和多块肌肉群的收缩力量协同整合起来，形成“运动链”，从而使核心肌群对运动中的身体姿势、运动技能和专项技术动作起着稳定和支持作用。核心区域的肌肉不仅本身能够产生力量，成为人体的运动力量来源的原动力，而且还能够为肢体的肌肉收缩创造支点，使肢体肌肉的收缩力量增大，整合肌群间协同用力，加快整体力量的传递，从整体上提高运动效率。举重项目的技术动作只依靠某单一的肌群是不能完成的，它必须动员许多肌肉群协调做功。核心肌群在此过程中担负着稳定重心、环节发力、保持平衡、传导力量等作用，同时也是整体发力的主要环节，对上下肢体的协同工作及整合用力起着承上启下的枢纽作用。

1. 保持正确的身体姿势，稳定重心、脊柱和骨盆

保持正确的运动姿态和骨骼排列可以达到最佳的结构效果，同时又可以使机体的运动链产生最佳的功效。核心部位的肌肉群不仅会影响四肢的动作，而且还担负着控制全身姿势正确性的重要责任。核心部位肌肉群，特别是深层肌群，如膈肌、多裂肌、盆底肌等力量缺乏，会导致身体的稳定性降低。强有力的核心肌群，对运动中的身体姿势、运动技能和专项技术动作起着稳定和支持作用。脊柱及其周围的肌肉、韧带和结缔组织，是人体既重要又薄弱的环节，无论在力量上还是在坚固性上，都要比四肢弱，而肌肉是脊柱稳定的主要物质结构，只有加强核心部位肌肉的收缩力量才能达到稳定脊柱的目的。稳定骨盆的正常位置同样非常重要，只有稳定住骨盆才能保证髋关节肌群有效的工作。

2. 为肢体运动创造支点

核心力量能将参与人体运动的不同关节、不同肌群的收缩力量整合起来，形成符合专项力学规律的肌肉运动链，为四肢末端发力创造理想的条件。骨盆、髋关节和躯干部位的稳定性，可以为四肢肌肉的收缩建立支点，提高四肢肌肉的收缩力量，为上下肢力量的传递创造条件。因此，加强核心区域的稳定性和提高核心力量，能够牢固四肢动作用力的支点，控制全身动作的正确性。

3. 预防运动中的损伤

身体在不稳定的情况下，会导致核心部位力量的缺失，使四肢的部分肌肉也参与以维持身体的稳定，导致肌肉的拉伤。提高核心力量、稳定核心部位，可以加强对人体脊柱这一薄弱环节的保护；通过核心部位的协调作用建立上下肢发力的稳定支点，可以缓冲及减小末端肢体与关节的负荷。当运动员在做快速运动时，核心肌群能够使肢体在此过程中保持在正常的位置，深层小肌群的稳定功能起到保护和预防损伤的作用；发力不正确，会导致运动损伤发生的概率大大提高，如下背痛、腹部扭伤、骨盆倾斜等，将直接影响举重训练的效果。

4. 弥补传统力量训练的不足

核心力量训练的本质不同于传统力量训练，它能够弥补传统力量训练在提高协调、灵敏、平衡能力等方面的不足。人体通过神经系统不断接受来自本体感受器传来的信号，激活、控制维持肢体稳定性的肌肉来维持稳定。核心力量训练通过加强肢体稳定性深层肌的练习，能够提高肌肉间的协调、灵敏和平衡能力，这就补充了传统力量训练在发展速度力量、力量耐力等方面的不足，同时建立了一种新的训练理念，创新了力量训练的方法和手段，为传统力量训练增添了鲜活的因素。

5. 提高运动时能量由核心向肢体的输出

核心力量可以稳定和强化髋部及躯干在力量转换时提供能量输出，以利于提高身体的变向和位移速度，并预防和减少运动损伤的发生。绝大多数运动项目是以髋部的伸展和旋转为基础动作的发力，力量是通过核心力量区传递到末端的，因此加强核心区域的练习，就提高了核心向肢体能量的输出。

6. 提高肢体的工作效率，降低能量消耗

核心力量训练能够为四肢创造一个稳固的支点，拥有了稳固的支点就能够提高四肢的工作效率。核心部位拥有大量的肌群，能够产生和储存大量的能源，四肢的肌肉有很大一部分起点是固定在核心部位上，当肢体发力时，核心肌群蓄积的能量从身体中心向运动的每一个环节传导，降低了能量的消耗。强有力的核心力量还能减小四肢的应力，使肢体在进行协调的技术动作时能够更加游刃有余。

二、核心力量训练的方法

核心力量训练作为一种辅助力量训练手段，不仅能使举重运动员核心区域肌肉力量得到提高，而且也能促进专项技术水平的提升。核心力量训练是在举重传统力量训练的基础上形成的，能针对传统力量训练中核心肌肉发展的不足而进行比较系统的训练。

核心力量训练的方法和手段繁多，总体上可以从以下几个方面分为几种不同的类型：在训练的外部环境上，可以分为稳定和非稳定两种条件；在负荷上，可以分为徒手和负重两种类型；在运动方向上，不仅进行一维的运动，而且重视两维和三维的运动；在用力方式上，可以分为静力性、动力性和静力—动力交替变换等三种方式。

身体对重心的控制，是核心力量训练的主要功能之一，进行核心力量训练时需创造出一种类似人体运动时的非稳定状态，使核心肌群能够在神经的调节下保持非稳定状态，并且不断加大难度，提高适应能力，以满足运动项目的需要。目前，国内外的

核心力量训练方法主要有各种垫上徒手训练法，平衡板、泡沫筒、气垫、滑板练习法，瑞士球训练，实心球练习，悬吊运动疗法（悬吊训练），弹力带练习，振动训练、振动杆练习等（表 1-4）。其主要形式表现为：稳定状态下的静力性动作、非稳定状态下的静力性动作、稳定状态下无负荷的运动、非稳定状态下克服自身阻力的运动、非稳定状态下的自由力量练习、非稳定状态下的核心爆发力练习、稳定状态下的核心专项力量练习。

表 1-4　核心力量主要训练方法简介

训练方法	起源	主要作用	应用领域
各种垫上徒手练习		提高核心稳定力和核心肌肉耐力	康复、健身、竞技体育
平衡板（wobble board） 泡沫筒（foam roller） 气垫（inflated pad） 滑板（slide board）		提高机体稳定—不稳定之间的转换，增强神经对肌肉的支配和控制能力	康复、健身、竞技体育
瑞士球（swiss ball / physioball）训练	康复领域（第二次世界大战前），德国、瑞士	改善神经对肌肉的募集和反射性调节能力，提高稳定力、本体感觉和平衡	康复，健身，竞技体育
悬吊运动疗法（sling exercise therapy）	源于第二次世界大战伤病治疗，1999 年正式提出（北欧泰玛 AS 公司，挪威）	改善柔韧，提高稳定性力量，增强本体感觉和控制能力	康复、健身、竞技体育
振动训练（vibration training）	20 世纪 60 年代苏联宇航专家 Nazarov 和 Spivak 发明，20 世纪 80 年代初期应用于康复和竞技体育领域	提高力量和柔韧，改善激素分泌，预防损伤	宇航训练，康复、健身和竞技体育
振动杆（bodyblade）练习	1991 年，美国加利福尼亚理疗师 Bruce Hymanson 发明	提高深层小肌群力量能力，加强关节稳定，预防损伤	康复，健身，竞技体育

（引自：杨世勇．高等学校教材　体能训练［M］．北京：高等教育出版社，2013.）

下面介绍核心力量训练方法中具有代表性的徒手训练法、瑞士球训练法、实心球训练法、弹力绳训练法及绳梯训练法。

（一）徒手训练

徒手练习法适用于核心力量练习初始阶段，其目的在于使运动员深刻体会核心肌群的用力和有效地控制身体。在练习过程中，可根据运动员的核心力量增长情况，通过延长用力时间和不断减少支撑点来增加训练难度。

1. 向前爬行

作用：发展手臂、肩带、腿部、腹部和下肢肌群力量及全身协调用力。

要领：四肢着地，作为支撑点，身体成爬行姿势，膝盖弯曲，背部与地面平行（图 1-3）。可采用以下两种方法练习：

第一，异侧手脚并用向前爬行。向前爬行时膝盖弯曲，异侧手脚交互向前移动，带动身体向前运动，背部与地面平行，躯干保持不动。连续向前爬行 30~50 米，练习 2~3 组。

第二，同侧手脚并用向前爬行。向前爬行时膝盖弯曲，同侧手脚同时向前移动，带动身体向前运动，背部与地面平行，躯干保持不动。连续向前爬行 30~50 米，练习 2~3 组。

图 1-3

2. 向后爬行

作用：发展手臂、肩带、腿部、腹部和下肢肌群力量及全身协调用力。

要领：四肢着地，身体成仰卧姿势，髋部上抬，臀部不能触地，膝关节成 90° 弯曲，躯干与大腿成一条直线（图 1-4）。采用异侧手脚并用向后爬行，向后爬行时应注意躯干保持不动。连续向后爬行 20~40 米，练习 2~3 组。

图 1-4

3. 俯撑桥

作用：发展腹肌、臀大肌、肩部肌群及躯干控制能力。

要领：俯卧于垫子上，两臂（或手）支撑于胸部正下方，两腿并拢，两脚脚尖为另一支撑点，整个身体成一条直线，躯干保持不动，髋部不能上下移动；保持均匀呼吸，不要憋气（图1-5）。

图1-5

增加难度

第一阶段，采用单腿与双臂支撑，另一只腿抬高与躯干成一条直线，保持静止不动（图1-6）。

图1-6

第二阶段，采用单臂双腿支撑，另一臂抬高与躯干成一条直线，保持静止不动（图1-7）。

图 1-7

第三阶段，采用异侧单臂单腿支撑，抬高另侧的手臂与腿并伸直，与躯干成一条直线，保持静止不动（图 1-8）。

图 1-8

4. 侧撑桥

作用：发展腹斜肌及躯干控制能力。

要领：侧卧于垫子上，以单手前臂（或手肘）于胸部侧面支撑，两腿并拢，以在下的一脚侧面为另一支撑点，躯干与腿伸直，整个身体成一条直线，躯干保持不动，髋部不能上下移动，也不能前后移动，保持均匀呼吸，不要憋气（图 1-9）。

图 1-9

增加难度：抬高在上的腿，与地面平行，保持静止不动（图 1-10）。

图 1-10

5. 仰撑桥

作用：发展腹肌、屈髋肌群、肩部肌群及躯干控制能力。

要领：仰卧于垫子上，以两手掌支撑，两腿并拢，以两脚脚跟为另一支撑点，整个身体成一条直线，躯干保持不动，髋部不能上下移动，保持均匀呼吸，不要憋气。（图 1-11）。

图 1-11

增加难度

第一阶段，采用单腿与双手支撑，另一腿向上抬起至脚与头齐平，保持静止不动（图 1-12）。

图 1-12

第二阶段，采用单手双腿支撑，另一臂向前上举至与肩齐平，保持静止不动（图 1-13）。

图 1-13

第三阶段，采用异侧单手单腿支撑，支撑的手臂伸直，支撑的腿与上体成一直线。另一腿抬高至脚与头齐平，另一臂前平举至手过头高。保持静止不动（图 1-14）。

图 1-14

6. 仰卧屈膝上抬

作用：发展腹肌及屈髋肌群。

要领：仰卧于垫子上，双腿屈膝并拢，以髋关节为轴屈膝上抬，速度不宜太快（图 1–15、图 1–16）。

图 1–15

图 1–16

增加难度

第一阶段，屈膝上抬至大腿与地面垂直，膝关节保持 90°，双手抱头抬上体，完成后回位，连续进行（图 1–17）。

图 1–17

第二阶段，双手抱头转体的同时上抬，完成后回位，紧接着反方向转体上抬，连续进行（图 1–18）。

图 1–18

第三阶段，双手抱头向上抬的同时，做屈膝上抬的动作，完成后回位，连续进行（图 1-19、图 1-20）。

图 1-19

图 1-20

第四阶段，双手抱头转体上抬的同时，做屈膝上抬的动作，完成后回位，紧接着反方向转体上抬屈膝，连续进行（图 1-21、图 1-22）。

图 1-21

图 1-22

7. 俯卧两头起

作用：发展腰背、髋部肌群及躯干控制能力。

要领：俯卧于垫子上，两腿并拢，两手平放于身体两侧，掌心向上，以腹部为支撑点，上体与下肢尽量向上抬举。整个身体保持紧张状态，速度不宜太快（图 1-23、图 1-24）。

图 1-23

图 1-24

增加难度

第一阶段，两臂向前伸直，上体、上肢和下肢同时向上抬起，并且要抬头（图 1–25、图 1–26）。

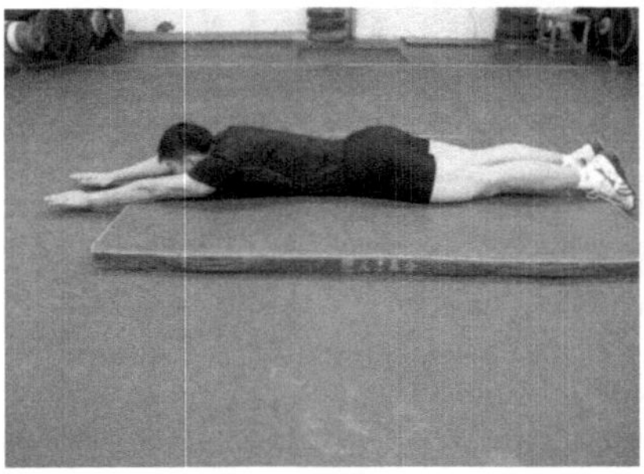

图 1–25

图 1–26

第二阶段，动作同第一阶段，但异侧腿、臂同时上抬（图 1–27、图 1–28）。

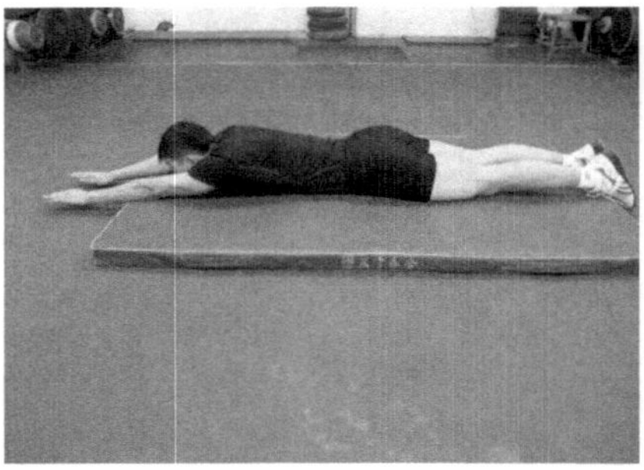

图 1–27

图 1–28

（二）瑞士球训练

瑞士球训练法的主要目的是增强核心力量，提高身体稳定性和增强关节韧性。瑞士球具有不稳定性，通过在不稳定的球上做练习，可以获得充分刺激核心部位的肌肉、使躯干部位深层肌肉参与运动并维持身体平衡与稳定的功效，摒弃了传统力量练习中借助外力来支撑躯体的弊端。

1. 俯卧撑

作用：发展上臂后部和肩部肌肉群。

要领：双手撑在球上，双脚掌触地，身体成一斜线。向身体下方屈肘，使前臂接触到球上，而后撑起身体，重复练习。以肘部下降引导身体下降，全身充分伸展，保持平衡（图 1–29、图 1–30）。

图 1-29

图 1-30

2. 俯卧腿拉球

作用：发展下腹部、大腿肌群和屈髋肌群。

要领：俯卧撑姿势，小腿前部放在球上，身体充分伸展，成为一条直线。屈髋，用小腿前部和脚向躯干部位拉球（图 1-31、图 1-32）。

图 1-31

图 1-32

3. 俯卧抬两腿

作用：发展三角肌、竖脊肌、臀大肌、腹外斜肌。

要领：俯卧于瑞士球上，两手、两脚支撑于地，腹部压球。背部发力，两腿抬离地面，身体保持稳定，两手支撑保持身体平衡（图 1-33、图 1-34）。

图 1-33

图 1-34

4. 双腿夹球仰卧起坐

作用：发展腹直肌上部、髂腰肌。

要领：仰卧于垫上，两手抱头，两腿置于球上。腹部紧张，保持固定，屈膝，收腹夹球，大小腿夹球上抬，两手抱头起（图 1–35~图 1–37）。

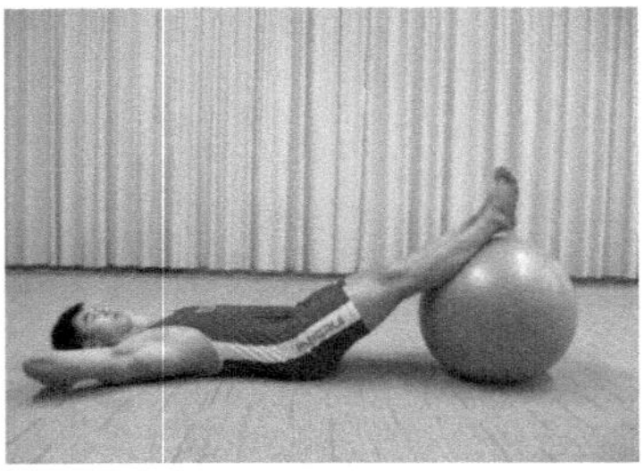

图 1–35

图 1–36

图 1–37

5. 侧卧夹瑞士球起

作用：发展腹斜肌、腰方肌、棘肌、髂肋肌。

要领：侧卧地面，两腿伸直夹住球，两手置于腹前支撑。背部紧张，保持固定，腰部发力，往侧上方迅速夹球抬腿。两脚不能脱离球，左右交替进行（图 1–38、图 1–39）。

图 1–38

图 1–39

6. 直臂双腿撑球俯卧桥

作用：发展腰腹部肌群、肩部肌群及躯干控制能力。

要领：俯卧，两臂伸直支撑地面，双腿并拢伸直，小腿置于球上，整个身体成一条直线，不要向一侧倾斜，腰背挺直，髋部既不能上翘也不能下沉（图 1-40）。

图 1-40

增加难度

第一阶段，单腿与双臂支撑，另一腿抬高（图 1-41）。

图 1-41

第二阶段，单臂双腿支撑，另一只手臂抬起与躯干成一直线（图 1-42）。

图 1-42

第三阶段，双臂单腿支撑，游离的腿伸直并上下摆动（图 1-43）。

图 1-43

7. 仰卧球体屈体

作用：发展腹部肌群的收缩力量和控制能力。

要领：双脚着地，以腰髋骶髂处仰卧于球上，双腿自然分开与肩同宽，两手抱头，上体上抬，与球接触的部位始终保持在腰髋骶髂处，上体尽量保持稳定姿势（图 1-44）。

图 1-44

增加难度

第一阶段，收腹，尽量抬上体，然后回位，类似于在球上做仰卧起坐，慢速进行（图 1-45）。

图 1-45

第二阶段，单腿支撑，收腹与游离的腿形成两头起，速度不要太快（图 1-46）。

图 1-46

第三阶段，单腿支撑，收腹与游离的腿形成两头起并加转体（图 1-47）。

图 1-47

（三）实心球训练

实心球训练的主要目的是加大核心训练的强度，通过有限的训练时间达到训练效果的最大化，从而提高运动员发展力量所必须的身体控制能力。也可通过增加不稳定因素来提高训练的难度。高水平举重运动员一般用 5~15 公斤实心球。

1. 仰卧持球

作用：发展腹直肌、竖脊肌、髂腰肌、阔筋膜张肌、股直肌。

要领：仰卧在地上，双手伸直持实心球，上体抬离地面直至与地面垂直，下肢保持不动，头部要与球形成一条直线，双手伸直，眼睛平视球（或注视球）（图 1-48~图 1-50）。

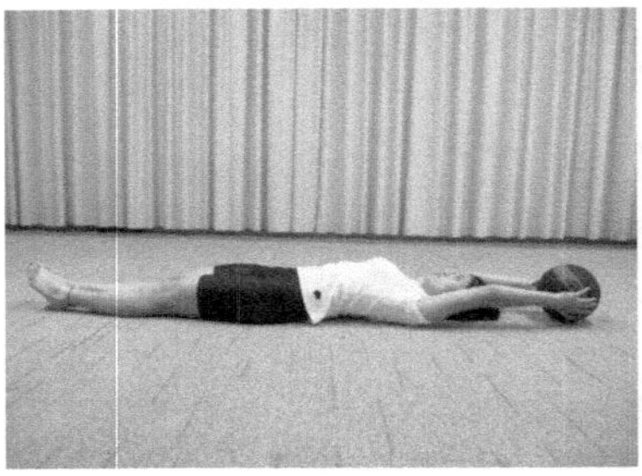

图 1-48

图 1-49

图 1-50

增加难度

第一阶段，仰卧屈膝，双手持球于头后，仰卧起坐，肘关节触及膝关节（图 1-51~图 1-53）。

图 1-51

图 1-52

图 1-53

第二阶段，仰卧起坐，两臂伸直，两膝弯曲并拢，两手持实心球于髋两侧扭转上体。仰卧起坐速度要快，起坐与扭腰的动作要协调连贯（图 1–54～图 1–57）。

图 1–54

图 1–55

图 1–56

图 1–57

第三阶段，仰卧于地，两臂伸直，两手持实心球，一腿屈膝，另腿伸直上举，上身抬离地面，用实心球触碰脚尖，两腿交替进行（图 1–58～图 1–60）。

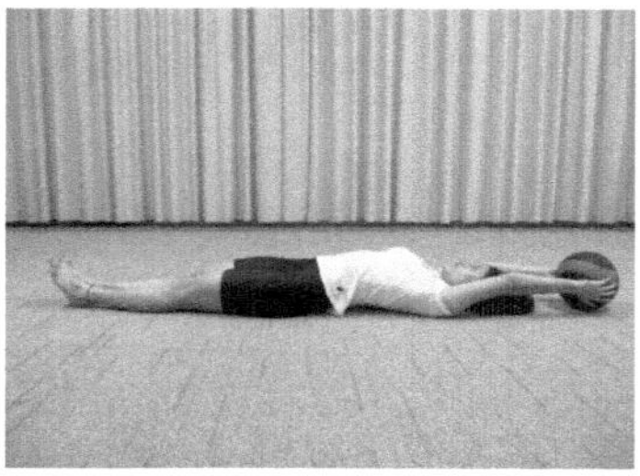

图 1–58

图 1–59

图 1–60

2. 仰卧夹球

作用：发展腹直肌下部、股直肌、腹外斜肌及内斜肌。

要领：仰卧于地，双臂上举，双膝夹住实心球向上举起，尽可能地做最大幅度的提膝，上体保持不动（图 1-61、图 1-62）。

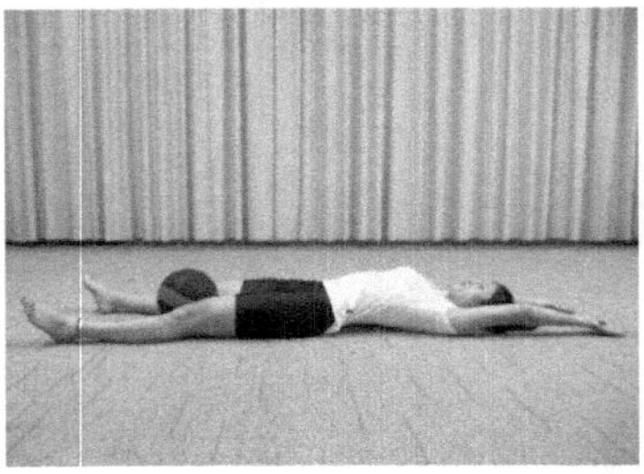

图 1-61

图 1-62

增加难度

第一阶段，仰卧屈膝，用膝关节夹住实心球，向上提膝与起上身同步，成仰卧起坐（图 1-63、图 1-64）。

图 1-63

图 1-64

第二阶段，仰卧，用膝关节夹住实心球屈膝举起，双手向两侧展开保持身体平衡，向左右转髋，两侧交替进行（图 1-65~图 1-67）。

图 1-65

图 1-66

图 1-67

（四）弹力绳训练

弹力绳训练法主要目的是通过阻力训练的方法和多个平面内的运动，增加肌肉力量和肌肉爆发力。提高臀部肌肉对骨盆的控制以及对脊柱的稳定。

1. 俯身蹬腿

作用：发展三角肌、腹部肌群、臀部肌群。

要领：右腿单腿站立支撑，上身以髋为轴前倾约 90°，左腿髋膝屈曲，脚尖上钩绷住弹力绳，双手握紧弹力绳两端于胸前方。呼气时，左腿后蹬至大腿伸直与地面平行，同时双手直臂向上拉；呼气时，缓慢回到开始姿势（图 1-68、图 1-69）。

图 1-68

图 1-69

2. 侧向移动

作用：发展臀部肌群、股四头肌。

要领：将弹力绳从右侧绕过练习者髋部，教练员（或同伴）双手握紧弹力绳两端。练习者双脚站立宽于肩，微屈膝，挺胸收腹。以左脚为主力腿，使身体横向移动。教练员（或同伴）与训练者同步移动，保持弹力绳阻力（图 1-70~图 1-72）。

图 1-70

图 1-71

图 1-72

3. 阻力跑

作用：发展臀部肌群、腘绳肌、腹部肌群。

要领：将弹力绳经前方绕过练习者髋部，教练（或同伴）双手握紧弹力绳两端。做起跑预备姿势，摆臂齐平，逐渐加速，借助对抗阻力向前跑（图 1-73）。

图 1-73

4. 单腿俯身后拉

作用：发展腹部肌群、臀部肌群、背阔肌。

要领：将弹力绳固定在前方与髋同高的位置。单腿站立，俯身 90°，另一腿抬起与地面平行。双手握紧弹力绳，掌心朝下，直臂于肩前方。挺胸收腹，肩胛缩回下压。

呼气时，双手向两侧往回拉，至上臂与肩成一直线；吸气时，缓慢回到起始姿势（图 1–74、图 1–75）。

图 1–74

图 1–75

5. 单腿支撑提膝

作用：发展腹部肌群、髂腰肌。

要领：将弹力绳固定在膝后的位置。单腿站立，微屈膝，另一腿离地向后。两手模仿摆臂动作。背部挺直并略前倾，收紧腹部。呼气时，左脚向胸部方向提膝，保持平衡；吸气时，回到起始姿势（图 1–76、图 1–77）。

图 1–76

图 1–77

6. 坐姿划船

作用：发展背部肌群。

要领：将弹力绳固定在较低的位置，坐在地上，身体稍向前倾，微含胸，两手握弹力绳两端，手臂向前伸直，吸气；呼气时收缩肩胛骨。两臂同时后拉，双臂贴在身体两侧，成挺胸姿势，吸气还原（图 1–78、图 1–79）。

图 1-78

图 1-79

7. 仰卧臂屈伸

作用：发展肱三头肌。

要领：将弹力绳固定在较低的位置，仰卧在地上，两手握弹力绳两端，手臂成 90° 弯曲，上臂贴紧在身体两侧，吸气；呼气时伸直手臂；吸气还原（图 1-80、图 1-81）。

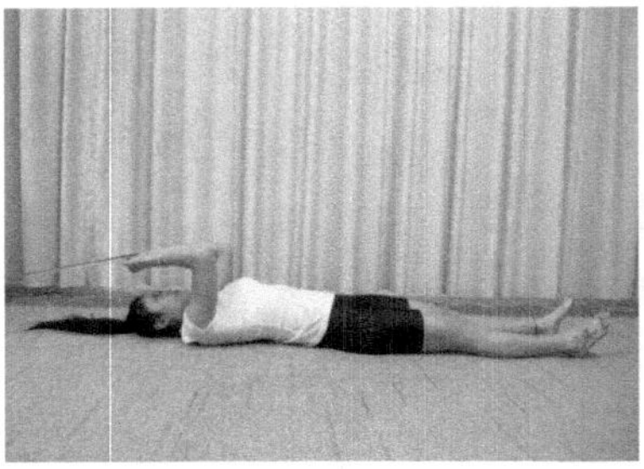

图 1-80

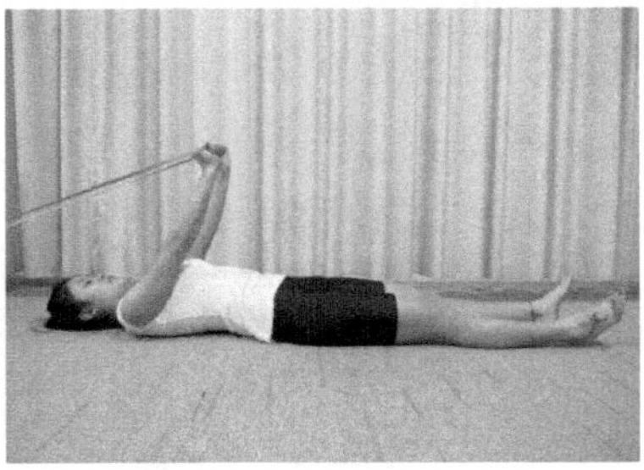

图 1-81

8. 托臂弯举

作用：发展肱二头肌。

要领：将弹力绳固定在较低的位置，两脚分开蹲在地上，双手握弹力绳两端，将肘关节上方垫在两膝的内侧，掌心向上。呼气时弯曲手臂至肱二头肌完全收缩；吸气时还原（图 1-82、图 1-83）。

图 1-82

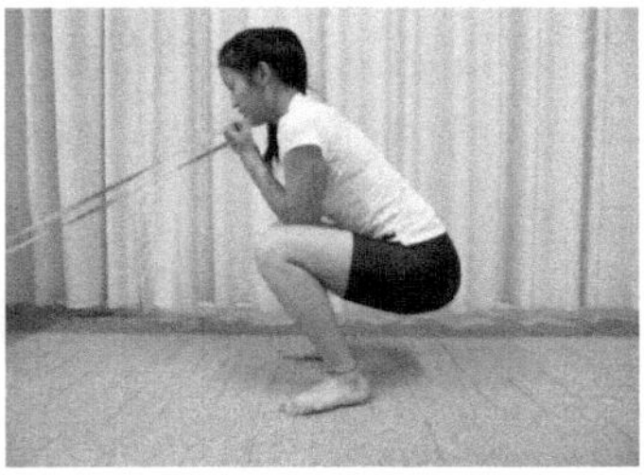

图 1-83

三、核心力量的测量与评价

核心力量的测量与评价主要是测量腰腹肌力的大小，以及屈伸稳定性、旋转稳定性和核心稳定性的保持能力，而测量与评价又是训练起始的关键点。核心力量的测试也可以帮助教练员和运动员发现弱势肌群，评价运动员的核心稳定性状况，此外还可以了解运动员实际的运动状态，便于教练员计划将来的训练任务和总体目标。下面介绍四种测量与评价的方法。

（一）俯卧支撑测试

操作方法：运动员俯卧，双脚并拢，双手分开比肩略宽，躯干与膝均着地。男运动员的拇指与头顶在一条线上，女运动员拇指与下颌成一条线。运动员向上撑起，整个身体同时抬起（图 1–84）。

图 1–84

评价标准

优秀：在规定姿势下能很好地完成动作 1 次。

合格：在降低难度的姿势下能完成动作 1 次。

不合格：在降低难度的姿势下也无法完成动作。

（二）核心等长耐力测试

操作方法：运动员仰卧于器械上，双手放于胸前（或头后），膝关节屈呈 90°，躯干抬起与地面呈 45°（图 1–85），根据坚持时间来评定。

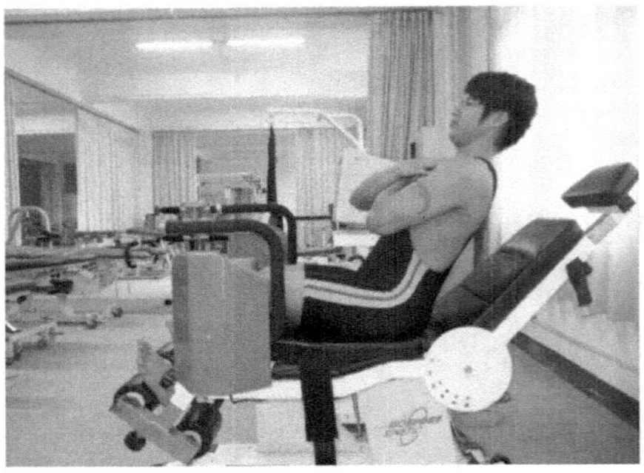

图 1-85

评价标准

优秀：在规定姿势下能坚持 1 分钟。

良好：在规定姿势下能坚持 40 秒。

及格：在规定姿势下能坚持 20 秒。

不及格：不能在规定姿势下完成动作并坚持 20 秒。

（三）侧卧支撑旋转稳定性测试

操作方法：运动员侧卧于垫上，用前臂和脚部支撑，身体保持成直线（图 1-86），根据支撑时间来评定。

图 1-86

1. 初级举重运动员评价标准

优秀：在规定姿势下能坚持 1 分钟。

良好：在规定姿势下能坚持 40 秒。

及格：在规定姿势下能坚持 30 秒。

2. 中级举重运动员评价标准

优秀：在规定姿势下能坚持 3 分钟。

良好：在规定姿势下能坚持 2 分钟。
及格：在规定姿势下能坚持 1 分钟。

3. 高级举重运动员评价标准

优秀：在规定姿势下能坚持 5 分钟。
良好：在规定姿势下能坚持 3 分 20 秒。
及格：在规定姿势下能坚持 1 分 40 秒。
（女子举重运动员的评价标准可以适当降低）

（四）8 级腹桥测试

1 级 1 分，俯卧支撑 1 分钟（见图 1–5）。
2 级 3 分，抬左脚 15 秒（见图 1–6）。
3 级 5 分，抬右脚 15 秒。
4 级 6 分，抬左手 15 秒（见图 1–7）。
5 级 10 分，抬右手 15 秒。
6 级 15 分，抬右脚左手 15 秒（见图 1–8）。
7 级 25 分，抬左脚右手 15 秒。
8 级 35 分，回到 1 级姿势 30 秒（见图 1–5）。

（备注：上述测试标准为男子举重运动员标准。女子在该测试中如有难度，可改为跪姿 8 级腹桥测试，起始姿势可以换成膝关节着地的跪姿俯卧支撑测试，将难度降低。此外，也可以降低动作难度采用俯卧肘支撑的 8 级腹桥测试，具体步骤同上，开始姿势如图 1–87 所示。

图 1–87

四、核心力量训练的负荷安排及注意事项

（一）核心力量训练的安排

①核心力量训练应根据不同的练习对象，遵循循序渐进的原则，逐渐增加练习难度和运动量。

②根据举重项目特点和相应的要求，每周可安排核心力量练习 1~3 次，可在准备活动中进行，也可与其他力量练习或素质训练安排在一起。

③可选择闭锁式运动链的练习动作，进行循环练习或重复练习。

④每次练习可选择 3~4 个核心力量的动作，每个动作练习 1~3 组，重复练习 10~30次（或多次数重复练习，或持续练习 20~40 秒）；辅助练习动作 1~2 组，重复 10~20 次（或持续 20~30 秒）。组间休息 30 秒~2 分钟。

（二）核心力量训练的注意事项

1. 要循序渐进地安排

在进行同一类的核心力量训练时，应当按照难度等级逐渐递增的渐进式阶梯系统来进行。对于不同需要和任务要求，在安排的难度和负荷比例上应当有所不同，可以适当降低练习难度的等级，以保证练习的动作质量。

2. 练习时注意力应高度集中，练习的安排应符合基本要求

进行核心力量训练时，运动员的注意力应保持高度集中。所有静力性练习也应随着课次的累积与保持静力练习动作时间的延长而增加难度。把稳定性的核心力量训练放在准备活动、整理活动或者负重抗阻训练的前面进行，可以使神经系统的兴奋性得到激活，核心区域的稳定性和力量得到增强，为后续的练习做好充分的准备。动态练习应当安排在静态练习之后，也可以选择使用动静结合的练习方式。由于组合的方式多样化，核心力量训练可以为举重运动员的体能训练带来新鲜感与乐趣。

3. 举重必须以专项力量训练为主，核心力量训练仅是调节与补充

核心力量训练应当与传统的专项力量训练相结合，使之与传统的专项力量训练同步进行，达到与专项力量和专项技术相融合的目的。在举重运动员的力量训练中，传统的专项力量训练占主导地位，核心力量训练只是对传统的举重专项力量训练的一种补充，核心力量训练不能替代传统的专项力量训练。

学习思考题

1. 简述高级举重运动员的运动素质训练。
2. 简述高级举重运动员的身体形态训练。
3. 简述核心力量的概念。
4. 简述核心力量训练的基本要求。
5. 发展核心力量有哪些方法？
6. 发展核心力量的注意事项有哪些？

参考文献

[1] 杨世勇．高等学校教材　体能训练［M］．北京：高等教育出版社，2013.
[2] 杨世勇．体育院校通用教材　体能训练［M］．北京：人民体育出版社，2012.
[3] 杨世勇．体育院校通用教材　举重运动教程［M］．北京：人民体育出版社，2014.
[4] 杨世勇，钱光鉴，张婕．优秀男子举重运动员专项体能评价指标体系的综合研究［J］．成都体育学院学报，2012（10）.
[5] 黎涌明．论核心力量及其在竞技体育中的训练、起源、问题、发展［J］．体育科学，2008（4）.
[6] 唐思宗，杨世勇．身体训练学［M］．成都：四川科学技术出版社，1992.
[7] 王清．力量训练研究综述［J］．中国体育科技，1989（3）.
[8] 万德光，万猛．现代力量训练［M］．北京：人民体育出版社，2003.
[9] 杨世勇，李遵，唐照华，等．体能训练学［M］．成都：四川省科学技术出版社，2002.
[10] 王均．高水平竞技运动体能训练［M］．北京：北京体育大学出版社，2009.

第二章

举重运动员的技战术训练与规则应对

内容提要

本章主要介绍举重运动员的技术训练、战术训练和举重技术规则的应对。

学习目标

明确技术训练、战术训练的概念、训练方法、注意事项及举重技术规则的主要内容，掌握技术训练、战术训练的基本方法和技术规则合理应用的基本要求。

第一节　举重运动员的技术训练

技术训练包括竞赛动作和辅助动作技术训练。凡是为了建立正确完整的技术概念，改进、提高和熟练抓举、挺举技术而进行的训练统称为技术训练。技术训练的任务是建立正确完整的技术概念，提高肌肉用力的协调性和用力感觉，培养准确、熟练、巩固、稳定的技术风格，形成运动技能，建立复杂的、连锁的、本体感受性的运动条件反射。这种条件反射的形成过程分为四个相互联系和相互作用的阶段，即技术泛化阶段、技术分化阶段、巩固技术阶段和自动化技术阶段。

一、技术训练内容及要求

（一）技术训练内容

根据举重专项辅助动作与竞赛动作技术性质和结构，举重技术训练所包括的技术环节、呼吸方法与环节连接如下。

（1）三个预备姿势：抓举预备姿势、下蹲翻预备姿势和上挺预备姿势。

（2）两个提铃：抓举提铃和下蹲翻提铃。

（3）三个发力：抓举发力、下蹲翻发力和上挺发力。

（4）三个下蹲支撑和一个预蹲支撑：抓举下蹲支撑、下蹲翻下蹲支撑、上挺下蹲支撑和上挺预蹲支撑。

（5）三个起立：抓举起立、下蹲翻起立和上挺起立。

（6）两个定铃：抓举定铃和挺举定铃。

（7）两个放下杠铃：抓举放下杠铃和挺举放下杠铃。

（8）两个呼吸方法：抓举呼吸方法和挺举呼吸方法。

（9）八个连接：预备姿势接提铃、提铃接发力、发力接下蹲、下蹲接支撑、预蹲接上挺发力、支撑接起立、起立接定铃和定铃接放下杠铃。

（10）提铃包括伸膝、伸髋和膝髋并伸环节及连接，抓举发力包括蹬腿、展体、耸肩、提肘和甩臂环节及连接，下蹲翻发力包括蹬腿、展体、耸肩、提肘和转肘环节及连接，上挺发力包括伸膝、伸髋、屈踝（起踵）、夹臀和伸臂环节及连接。

竞技举重虽然只有抓举和挺举两项动作，但其技术是多环节的联合运动，是在最短的时间内爆发出最大的力量。运动员要创造优异成绩，只练习抓举、挺举是不够的，还必须进行辅助动作训练。人们根据竞赛动作的技术环节、要领、易犯错误和用力方式，针对完整的技术动作和某个动作环节从难或从易、增加重量或减少重量、延长路线或缩短路线设计各种辅助动作，以改进技术和提高专项力量。根据竞赛动作与主要专项辅助动作的主要环节运动、主要肌肉用力、作用和用力特点，举重技术辅助动作还包括以下训练内容。

抓举类：高抓、垫人抓、膝上抓、垫铃抓、悬垂抓、直立抓、窄高抓、宽提肘拉、抓支撑和颈后宽挺蹲。

下蹲翻类：高翻、垫人翻、膝上翻和垫铃翻。

上挺类：负重预蹲、预蹲发力、架上挺、半挺、借力推、颈后架上挺、上挺支撑、半蹲支撑和箭步翻。

（二）技术训练要求

（1）抓主要技术环节，注重连接技术

掌握完整的抓举和挺举技术应从分解动作开始，也可以练完抓举再练挺举；可以从预备姿势按顺序练到下蹲支撑与起立，当然也可倒过来练习。比较好的方法是采用综合练习，从发力开始到提铃再过渡到支撑，最后把整个动作连接起来。

（2）内容多样，合理组合

辅助动作的练习不仅能使技术和力量得到全面发展，还能提高训练兴趣和效果。专项辅助动作的作用是发展竞赛动作所需要的肌肉力量和改进竞赛动作技术，这些动作都和竞赛动作关系比较密切。其中，有些动作是改进技术的，有些是发展力量的，有些既可发展力量，又可改进技术。特别是改进和掌握技术动作阶段，采用合理组合方式收效很好。动作组合一般体现在训练计划中，也就是抓举和挺举技术分配比例。

动作组合方式有同性质动作组合和不同性质动作组合。比如为了掌握翻铃技术，可采用膝上发力+膝上高翻+膝上下蹲翻+膝下下蹲翻四个动作连续练习为一组。又如，为了掌握抓举技术，可采用膝上发力+膝上高抓+膝上下蹲抓+膝下下蹲抓四个动作连续练习为一组。

（3）想练结合

从学习到掌握一个技术动作并非单纯练练而已，同时也是人的心理、生理和外在因素相互作用的结果。通过想练结合充分发挥人的意识能动性，帮助建立概念与本体感觉之间的联系，促进正确技术概念和掌握正确技术动作。

（4）区别对待，形成技术风格

技术训练是标准技术、训练方法和运动员个人特点的统一。由于每个运动员竞技能力不同，在技术细节、训练方法上亦应有所区别，以形成技术风格。

（5）认真对待每一次试举，保证成功率

认真对待每一次试举是态度引起的习惯问题。认真使人注意力集中。认真对待每一次试举，才能充分保证成功率。

（6）掌握适当的试举重量，重视发力技术

评定抓举、挺举技术，一般采用85%~95%的负荷强度进行。如果是以技术训练为目的，试举重量的选择主要看发力情况，即发力是否迅猛、充分、协调。如果发力正确，完成动作轻松，则可适当增加重量，否则应适当减少重量。

（7）平衡发展抓举、挺举技术

技术训练的过程实际是不断改进技术和熟练技术的过程，在此过程中，总会出现这样或那样的问题，要解决问题首先应抓住问题的本质，同时要了解与掌握矛盾的形成条件。影响抓举和挺举成绩平衡发展的因素很多，要具体问题具体分析。

（8）不断创新

每一次新技术的出现都会大幅度地提高运动成绩。技术创新的首要的任务是理念创新，其次是理论创新，最后是在技术实践中勤于思考、善于分析和总结。技术创新包括理念创新、理论创新、动作方式创新、训练方法创新及训练内容创新。

二、技术泛化阶段

（1）特点

神经过程处于“蜻蜓点水”式的泛泛阶段，内抑制过程尚未精确建立起来，注意力范围比较窄，知觉的准确性较低，对动作的技术环节、路线及整体概念模糊。动作表现出紧张、牵强、不连贯、缺乏控制力。此阶段可能由于刚刚练习，兴趣较高，情绪饱满，自我投入，并利用过去经验。此阶段运动技能提高先慢后快。

（2）易犯错误动作

从预备姿势到完成动作，收腹、挺胸和直腰不能很好保持，杠铃不贴身，手臂紧张，提铃时伸膝、伸髋和膝髋并伸顺序、变化角度或高度不正确，发力点偏低，主要上肢用力，发力顺序不正确，发力方向偏后，有双脚离地跳跃动作，提肘、甩臂、转肘、夹臂和伸臂不正确，发力与下蹲支撑脱节，定铃不主动，尤其是箭步挺，前后分腿不协调、不稳定。

（3）任务

通过讲解、示范和练习使运动员基本了解技术原则与技术动作各个部分的作用、要领、主要环节运动和主要肌肉用力，建立分解和完整动作概念，粗略地掌握各个分解运动和完整技术动作。

（4）内容

抓举和挺举的共有的性质、结构相同或相似的主要环节动作，尤其是发力和提铃；各种环节技术连接的抓举和挺举半技术性动作；整个技术连接的抓举和挺举全技术性动作。利用某些趣味性的辅助动作或技术组合，提高运动员的训练兴趣。

（5）方法

采用分解结合完整动作的徒手或木棒练习，组数 10 组左右，每组 5~8 次。练习顺序从抓举和挺举共性环节动作到异性环节动作；从单环节到双环节再到多环节动作。紧紧围绕技术原则安排丰富多彩的趣味性辅助动作或技术组合。通过一段时间练习，建立分解和完整动作概念，粗略地掌握分解和完整技术动作。

三、技术分化阶段

（1）特点

神经过程处于同类信息、相同结构信息联系阶段，兴奋和抑制过程在空间和时间上更加准确，内抑制过程加强，注意力范围有所扩大，知觉的准确性增大，对某些环节技术要领概念比较清楚。动作表现出的紧张程度有所减少，动作之间干扰减少，但动作之间的衔接常出现间断、停顿现象。有可能兴趣会降低，觉得枯燥，影响练习的动机和情绪，可利用经验减少。此阶段运动技能提高先快后慢。

（2）易犯错误动作

提铃时伸膝、伸髋和膝髋并伸节奏不稳定，发力顺序仍不正确，发力有摆动腰部动作或不能积极提肘导致杠铃不贴身，发力不够迅猛、充分，上挺预蹲发力衔接不紧，上挺过早伸臂，箭步支撑仍不稳，定铃动作仍不明显。

（3）任务

进一步建立正确技术概念，继续改进错误动作，消除多余动作，促进动作技能不断分化、巩固，逐步达到用力协调、节奏明显、动作和杠铃路线基本正确。同时，继续培养训练兴趣。总之，改进错误动作和培养训练兴趣是这一阶段的中心任务。

（4）内容

除了要进行抓举挺举完整技术训练外，必须针对错误动作，较多采用技术性辅助练习来进行训练。同时注意采用改进动作的一些趣味性或组合性辅助练习，提高兴趣，消除疲劳，提高训练效果。

（5）方法

主要采用60%~70%强度，组数8~10组，每组3~5次。强度小是为了使运动员的注意力能集中到技术要领上，组数、次数多是为了通过重复练习不断进行强化。此阶段培养运动员发现错误的原因非常重要。只有及时发现错误动作，才能对其进行分析和纠正。发现错误动作除了依靠自己体会外，可以通过现场相互观摩、观看技术录像与正确动作的比较分析结合进行。

四、巩固技术阶段

（1）特点

神经过程的兴奋与抑制更加集中与精确，动作在大脑中建立起巩固的动力定型。动作表现出完整的系统性，此阶段运动技能逐步提高。

（2）易犯错误动作

由于重量增加而引起提铃高度不足，发力点偏低，过早发力。发力不够迅猛充分，提肘甩臂和伸臂不够积极主动，高度不足。

（3）任务

训练的主要任务是使已经比较正确、协调而有节奏的动作更加巩固与熟练，使运动员在试举不同的重量甚至较重的杠铃时，也能做出正确的技术动作；并使主要环节动作逐渐走向自动化，同时建立完整的技术概念。

（4）内容

由于主要错误动作基本得到纠正，抓举、挺举完整练习比例增大，以保证动作的完整性和各环节的协调配合。同时，应有针对性地重点选择一些技术性辅助练习，完善发力技术，并在不断增加杠铃重量时，保证发力迅猛充分。

（5）方法

可以采用70%、75%、80%、85%、90%、85%、80%的强度进行练习。70%~80%

强度的组数 3~5 组，每组 3~4 次；85%~90%强度的组数 2~4 组，每组 2~3 次。状态好时可酌情安排 90%~100%的强度，有效组数 1~2 组，每组 1 次。另外，可有针对性地安排强度在 70%~80%，有效组数 6~8 组，每组 1 次，3~4 个动作组合练习强化提铃和发力技术。随着技术不断巩固与熟练，应加强运动员理论联系实际的学习，培养运动员敏锐的肌肉用力感觉，建立完整的技术概念。

五、自动化技术阶段

（1）特点

神经过程的兴奋与抑制高度集中与精确，动作在大脑中建立起巩固、完善的动力定型，在合适的重量下，不用意识控制也能做出正确动作。动作表现得心应手，各环节衔接无痕，富有节奏感，由于训练时负荷强度大，个别环节技术要领伸展不够充分，但通过意识可以起调节作用。此阶段运动技能进一步提高。

（2）易犯错误动作

发力不够迅猛、充分。

（3）任务

在巩固熟练的基础上，使动作走向自动化，改进细小的技术动作，不断发展与完善自己的技术风格，不断提高技术水平。

（4）内容

以抓举、挺举完整动作为主，分解动作以发力、提铃、定铃为主，突出自己的强项，同时适当安排自己喜爱的技术辅助动作，为了提高技能，努力创造一些新的训练手段。

（5）方法

高水平运动员主要注重负荷强度的训练，只有大强度才能不断刺激神经和肌肉，从而提高运动技能。主要有三种类型强度：一是 85%~95%中大强度，有效组数 8~10 组，每组 2~3 次，这种训练最能够表现技术的完整性，发力迅猛充分，试举成功率高。二是较好状态时 95%~100%的大强度，有效组数 3~5 组，每组 1 次，这种训练既可巩固技术，又可发展素质。三是状态好时可酌情安排 100%~103%的超大强度，有效组数 1~3 组，每组 1 次，这种训练符合举重技术训练的最终目的，能够较强刺激神经和肌肉，锻炼拼搏自信的心理状态。

运动技能的形成是由心理、生理、外在重量、训练内容和训练方法的多变量复杂过程。在这个抽象过程中含有动作外形在大脑中的想象活动、经验在大脑中的表象活动、知识在大脑中的概象和理念在大脑中的意象。它们可以相互整合（如表象同初级概象结合，形成高级概象），也可以依需要而进行分离、转化（如体验活动中，意象内容部分还原为概象与表象；想象推理活动中，表象、概象和意象的互动互补与动态分解等情形）。它是以神经为中介传导，整合人体各种组织、器官和系统，最终以动作的具体形式发挥人的潜力。整个技能训练有时还表现出同质或异质的正迁移、零迁移和负迁移过程，用合理的技术发挥人体最大的力量是举重训练的基本要求。

第二节　举重运动员的战术训练

一、战术的概念及分类

战术是依据比赛规则，根据比赛双方情况，正确地分配体力，充分利用信息和发挥己方身体、技术、心理等方面特长，限制对方特长，争取比赛胜利的艺术。

战术按限制分类，可分为无限制、限制和反限制战术。无限制战术即自我发挥战术，是为了发挥自己的实力而制定的战术，多在水平较低或水平最高的运动员中使用，水平较低则无实力与对手对抗，水平最高则实力太强无对手与之对抗。限制战术是有意识地限制对手的发挥而制定的战术，多在实力相当的运动员中使用。反限制战术是针对对手使用的限制战术而采用的应对战术，多在实力相当的运动员中采用。

战术按人数分类，可分为集体、双人和个人战术。集体战术是为了取得全队胜利而制定的不同级别的参赛战术，其中有的运动员可能升级或降级，有时一个级别安排两名运动员参赛，有时会放弃某个级别参赛。双人战术即双保险战术，是在一个级别内安排两名运动员使用夹击逼迫对手，争取主动。个人战术是运动员利用体重、开把重量、试举重量增加等信息所使用的战术，所有的战术实施最终都归到个人战术上，由个人完成。

不管何种战术最终都建立在个人实力上，以保证成功率为前提。自己的战术必须心中有数，对手的战术只能通过对手的情况预测。战术意识是培养出来的，战术方法有多种多样，有迹可循，可以了解并掌握。但使用战术时由于比赛的情况千变万化，尤其是对手的实力与意识难以摸清，只能根据当时比赛的具体情况，使用一个或多个战术组合。

战术训练是指为了使运动员掌握最合理的战术手段和战术方法，培养运用这些手段和方法的能力，以便发挥自己的特长，限制对方的特长，为比赛做好战术上的准备而进行的训练。正确地运用举重战术对夺取比赛胜利有重要作用。战术运用得当，常常能以弱胜强；战术不当，强者也会变成弱者甚至失败。

二、战术训练的要求

根据举重运动的特点，战术训练应特别注意以下要求：

第一，要树立正确的战术思想。首先，举重是非直接对抗性的项目，比赛中运动员之间不发生身体接触，决定比赛胜负时在战术上受对手的影响比较小；其次，举重比赛的每项竞赛动作只有 3 次试举，如果 3 次全失败就无成绩可言，因此每次试举都极为重要。举重比赛中必须坚决贯彻“以我为主，以成功率为主”的战略思想，把自己的训练水平充分发挥出来。总之，发挥自己特长是主要方面，限制对方特长是次要方面。

第二，培养战术意识，提高战术能力是战术训练的中心环节。战术意识是运动员在比赛中为达到特定战术目的而决定自己战术行为的思维活动过程，它包含了两方面的内容：一是运动员在比赛中对自己所采取的战术方法有充分的认识和理解；二是在复杂多变的比赛环境中，适应环境随机应变，迅速判断并正确决定自己的战术行为。在势均力敌的情况下能否夺取优势，战术能力起着决定性作用。举重比赛中并没有太多的战术内容和战术配合，因此培养战术意识、提高战术能力就显得更加重要。

从某种意义上说，运动员临场的每个活动都应该是战术性活动，因为战术内容中有一个重要方面就是战术心理。你的表现是信心十足，对手就会害怕、紧张；反之，你表现得紧张或焦躁不安，却能使对手感到鼓舞而信心增加。所以要加强战术意识的培养，提高战术能力。

第三，掌握具体的战术手段和战术方法，并提高运用能力。举重的战术手段主要有体重、试举重量安排和战术心理三个方面。具体运用这些手段时，又有各自的战术方法。战术训练中，不仅要以具体的战术手段和战术方法为主，而且要注重提高他们的战术运用能力，只有这样才有可能在比赛中成功贯彻战术目的。

三、举重比赛的战术手段与战术方法

（一）体重战术

1. 体重战术的意义

举重竞赛规则规定，举重比赛按体重分级，称量体重的精确度为 0.01 公斤。当运动员成绩相等时，体重轻者名次列前。这意味着体重重 0.01 公斤者要多举 1 公斤才能赢得比赛。体重轻者除了可以很好地利用体重战术外，还能争得试举战术和心理战术的主动权，从而在战术上占据优势而易于取得胜利。

2. 运用体重战术的要求

（1）预见性

能否有效地使用体重战术，关键在于预见性。因为规则规定，体重应该在赛前 2

小时称量，一旦称好，它就要在整个比赛中发挥战术作用。控制体重需要一定的时间，而且临时控制的幅度是很小的。所以，体重的战术运用在赛前就已经开始了。赛前充分了解对手的级别、体重、成绩，从而确定自己如何控制体重是十分重要的。

（2）战术考虑与保持充沛的体力相结合

体重无疑有着重要的战术作用，但绝不是体重越轻越好。因为减轻体重（特别是减得太多）也会在一定程度上影响体能，影响成绩的发挥。所以，在应用体重战术时，一定要从实际出发，使战术考虑与保持充沛的体力相结合，切忌盲目性和片面性。

3. 体重战术的运用方法

（1）确定级别

举重比赛中只有属于同一体重级别的运动员才可以在一起比赛，是升一级比赛有利，还是降一级比赛有利，这就有个战术问题。确定级别要注意以下三点：

①要充分了解对方参加比赛人员的名单、级别、体重和成绩，然后根据对对手的分析判断，再做出本队的安排。

②个人的级别安排要确定对团队取胜是否有利。

③体重如超过级别标准太多，则应服从长远利益，以升一级比赛为妥。

（2）控制赛前体重

运用赛前体重战术应注意以下五点：

①成绩稍占优势者，应少考虑体重战术，而应多注意保持充沛体力，主要依靠试举重量战术去战胜对手。

②原有体重较重而又必须降级比赛时，应少考虑体重战术而多注意保持体力，体重宜控制在刚好符合级别标准。

③原有体重超过级别标准不多的运动员，在不影响体力的前提下，为了在战术上有利，可以把体重控制在比级别标准低 0.5 公斤左右的水平上，以取得战术上的主动权。

④当自己成绩与对手相近时，赛前应注意体重保密，同时可采取正当的手段了解对手情况，力争使自己的体重轻于对手。

⑤在成绩相近的情况下，如已得知对手的确实体重，而自己又是力所能及，可以采取措施临时再控制 0.1 公斤左右，以取得体重上的主动。

（二）试举重量战术

1. 试举重量战术的意义

试举重量是举重比赛的主要战术手段。试举重量选定得正确，就可能获得较高的试举成功率，取得良好的成绩。反之，如果试举重量选定得不恰当，就会对运动员技术水平的发挥产生不良影响，小则影响成绩和名次，大则可能使3次试举全部失败。

2. 确定试举重量应考虑的因素

确定试举重量是主观判断的问题，然而判断的依据是客观存在着的各种因素。确定试举重量之前，必须认真分析各种有关因素。

（1）平时训练，特别是赛前一个月训练的各种情况。赛前训练情况较好的，比赛成绩也往往比较好。

（2）心理状态，尤其是运动员的信心，这方面的表现主要有三种情况：第一，赛前比较紧张、害怕、信心不足；第二，赛前信心很足，但对自己的能力估计过高；第三，既充满信心，又冷静客观。对第一种情况的运动员应设法排除其心理障碍以增强其信心；对第二种情况的运动员应积极引导，提高其比赛成功率；对第三种情况的运动员应善于听取其建议，并努力使其在比赛中发挥应有的水平。

（3）是否减轻体重，这也是确定试举重量应考虑的重要因素之一。人工减轻体重一般来说对体力往往有些影响。减得多者影响大些，减得少者影响小些或不受影响；轻级别影响大，重级别影响小；脂肪少者影响大，脂肪多者影响小；力量小而技术好者影响大，力量大而技术差者影响小。此外，比赛经验、对手情况都是确定试举重量应考虑的重要因素之一。

3. 确定试举重量的原则

举重比赛确定试举重量的基本原则是以我为主、保成功率、稳拼结合、兼顾对手、失败不加、灵活掌握。

4. 第一次试举重量战术

第一次试举重量战术也称“开把重量战术”，包括第一次抓举和第一次挺举试举。其基本要求是稳，并且是很有把握成功的重量。开把重量战术如下：

（1）无限制战术（自我发挥战术）是为发挥自己的实力而制定的战术。举起开把重量对后面的试举非常重要。在未减体重的情况下，开把重量一般为赛前一个月最高训练成绩的95%左右。

（2）限制战术是有意识地限制对手的发挥而制定的战术。开把重量应用得当，有利于限制对手的发挥。

（3）反限制战术是针对对手使用的限制战术而采用的应对战术。要使用反限制战术，首先是确定（或猜测）对手是否使用的是限制战术，如果不是，反限制战术就不成立。如果对手使用限制战术，以自我发挥为主应对是一种策略，也可以根据双方体重大小、试举的顺序及具体情况应对。

5. 第二、三次试举重量战术

第二、三次试举重量战术也称“试举重量增加战术”。第二次试举重量相对比较固定，即比第一次试举重量增加5公斤左右，接近赛前训练最高成绩；第三次试举的基本要求是拼，力争表现出赛前训练的最高水平，并夺取优胜。

运动员增加试举重量的幅度多种多样，归纳起来，主要有不增加（如第一次或第二次试举失败）、按规则增加或跳跃性增加等。应用试举重量增加战术时，必须结合具体情况进行分析。一般来说，体重轻、试举顺序在后对安排战术有利。

（1）无限制（自我发挥）试举重量战术。在正常情况下，第二次试举重量为97%~100%，第三次试举重量为100%或以上。但也有使用跳跃性增加重量的方法，跳跃性加重应确保成功率。

（2）限制性试举重量战术。可根据以下情况制定：

①体重轻、试举顺序在前。第二次试举重量为97%~100%，第三次试举重量为100%~102%，逼迫对手每次试举重量比自己重1公斤或以上。

②体重轻、试举顺序在后。这是最有利的情形，每次试举保持与对手相同重量即可。

③体重重、试举顺序在前。第二次试举重量为98%~100%，第三次试举重量为100%~102%，逼迫对手每次试举重量与自己一样。

④体重重、试举顺序在后。根据对手情况，每次试举应比对手重1公斤或以上。

⑤体重相同、试举顺序在前。以我为主，确保成功率。前面单项成绩一样时，逼迫对手每次试举重量比自己重1公斤或以上，如果总成绩一样，则第三次挺举逼迫对手试举重量比自己重1公斤或以上。

⑥体重相同、试举顺序在后。主要看对手试举情况，确保自己每次试举成功。

（3）反限制性试举重量战术。首先要确定对方是否实施的是限制性试举重量战术，如果确实，只使用与限制性试举战术相反的战术即可。在比赛中也有使用跳跃性加重的方法的，尤其是大级别的试举，有的运动员甚至每次增加10~20公斤。

（三）心理战术

1. 心理战术的意义

运用某些心理手段来使对方增加心理负担，而使自己处于良好的心理状态，以达到制胜对手的目的，这就是心理战术。身体素质和技术水平是心理战术的基础，而成功的心理战术的运用，则能充分调动运动员的积极性和创造性，从而促进运动员技术水平的发挥。

2. 心理战术的运用方法

（1）尽量了解对方，而不让对方了解自己。

（2）麻痹对方并给对方以心理负担。

（3）通过暗示给本方以鼓舞和信心。心理战术要求运动员在比赛中胸有成竹、镇定自然、不被对手的战术左右，不被利益影响，保持适当的紧张度，专心致志地完成每一次试举。

不利于比赛心理战术的因素很多，例如赛前领导、教练员和亲友期盼过高，对奖金、奖品的期盼过强，过分看重比赛结果，过高估计自己的实力等。对运动员出现的心理负担，可以通过目标分割、信心鼓励和注意力的调节等手段加以改善（参见：杨世勇．举重运动教程［M］．北京：人民体育出版社，2014：193-201.）。

第三节 举重竞赛规则的应对

国际举重联合会是制定与修改举重技术规则的唯一机构，通常每隔 4 年修改一次。国际举重联合会颁布的《国际举重联合会手册》，将举重竞赛规则统称为技术规则（technical rules）。教练员掌握举重技术规则与竞赛组织工作的基本程序和规范，是带领队员参赛并在竞赛中发挥运动技术水平的基本要求和前提。

一、举重竞赛规则运用的案例

做为一名优秀举重教练员必须认真学习竞赛规则与裁判法，特别是对按惯例修改的竞赛规则内容更应该认真学习与领会，以掌握最新竞赛规则的精神实质，并能将其运用到实际比赛中。

比赛中成绩的预报，试举重量的确定，试举重量的更改，更改重量的次数和时机，试举的时间，运动员试举的技术动作发挥等都会受到竞赛规则的限制。教练员要充分发挥自己在比赛中的指挥能力，选择最佳试举时机、选择最佳试举重量，充分合理利用试举的时间规定和次数规定，巧妙地更改重量，以我为主，打乱对手的比赛节奏，以期获得最佳竞技状态等，这些战术运用都必须在正确运用竞赛规则的前提下进行，也只有这样才能充分发挥自己所长，在比赛中保证试举成功率，创造最佳成绩。

具体案例分析：

（1）报名成绩过高，导致失去比赛资格。不了解规则的抓举和挺举的起始重量规定，男子不得低于报名总成绩 20 公斤，女子不得低于报名总成绩 15 公斤的规定，追求运动员安排在 A 组比赛，报名成绩太高造成试举失败没有总成绩（城运会预赛，长沙优秀选手未获得决赛资格；奥运选拔赛，优秀选手康月痛失奥运会资格）。

（2）称量体重填写卡片时符合预报起始试举起始重量要求，比赛中，抓举结束后，将挺举第一次试举重量降下，不符合规则要求重量，而试举成功，经仲裁核实，决定取消挺举和总成绩（全国锦标赛、全国少年赛）。

（3）比赛开始前，运动员没上场参加。介绍运动员，取消比赛资格（全国少年赛）。

（4）教练员对竞赛规则的更改重量时间规定吃不透、概念不清，造成失去更改重量的机会（点名后前 30 秒可改，连续试举如此）。如仁川亚运会 69 公斤级朝鲜运动员，第二次 140 公斤成功后，没有及时填写第三次试举成绩，电脑自动生成增加 1 公斤，点名 30 秒后要求增加重量，已不符合规则要求，只好举 141 公斤，失去了夺金机会。

（5）教练员对试举原则、试举顺序把握不准往往在激烈的比赛中不能“以我为主”，把握不好运动员候场准备活动的时间、次数，造成运动员准备活动时间过长，或者准备活动不充分，不能将运动员准备活动调整到最佳状态试举，从而发挥不了最高水平。

（6）教练员在比赛指挥中对每次更改重量不慎重，特别是运动员水平接近时，获取胜利关键看教练员如何运用竞赛规则、运用战术，充分发挥自己的特长，限制对方特长，充分调动运动员的积极性，从而保证成功率，发挥最高水平。

（7）在平时训练中，教练员对竞赛技术规则的抓举、挺举正确动作认识不够，还停留在老的观念上，没有严格要求，没有把正确的技术动作贯穿到运动员训练上。在比赛中，关键时刻对运动员提示不够，往往因一些微小的犯规动作造成试举失败，其例子不计其数。

（8）对竞赛规则成绩排名不清晰。在激烈的比赛竞争中，教练员对排名原则不明确，头脑不清楚，往往在比赛中不能选择最佳试举重量，有的不是输体重，就是因重量太高而失败，使运动员名次大打折扣。

二、举重竞赛规程与环境的把握

比赛竞赛规程是举行比赛的指导性文件，它是主办单位进行工作的依据，也是参加比赛单位共同遵守的章程。秩序册是竞赛重要文件，是各运动队和有关部门进行准备和了解竞赛日程的主要依据，各队要根据它来安排赛前训练计划；同时它也是记录运动员现场竞赛安排的手册。

（1）尽早了解秩序册、比赛规程，从而得知比赛地点、时间，以及竞赛的项目、组别、参加方法、竞赛办法、实行的竞赛规则、录取名次与奖励等。根据新规则的精神制订科学、合理的训练方法。

（2）做好报名工作：针对运动员训练水平、体重及全队实际情况认真研究报名，填写好（文字打印）报名表内容、单位、姓名、性别、级别、参加组别、身份证号码、预报总成绩、联系电话等。本单位负责报名部门上报前必须由教练员认真核对。

（3）根据比赛的任务和目的，制订出运动员降体重的实施方案，制订出参加比赛工作预案。

（4）领会竞赛规程精神，了解有关情况。

①了解竞赛的天数，每天安排的场次，大会开幕式和闭幕式的安排等。

②了解有多少单位参加竞赛，运动员的总人数，每个级别的人数，主要对手的情况。

③了解竞赛录取（个人和团体）名次和计分方法。

（5）针对运动员驻地、训练比赛场地设备条件，比赛地点的气候、温度、时差、海拔高度等环境，提前对运动员进行调节训练。

（6）根据比赛时现场观众和拉拉队等可能出现的场景进行模拟环境比赛训练。

（7）根据比赛地饮食住宿环境可能出现的不利因素提前做好预防工作。

（8）熟练了解竞赛规程提高运动员自我控制能力、应变能力，从而针对比赛环境正确运用技战术。

学习思考题

1. 简述举重运动员的技术训练。
2. 简述试举重量增加战术。
3. 简述体重战术和开把重量战术。
4. 简述试举重量增加战术。
5. 仲裁在哪种情况下可以改变裁判员的判决？
6. 运动员更改试举重量有哪些规定？

参考文献

[1] 田麦久．体育院校通用教材　运动训练学［M］．北京：人民体育出版社，2000.
[2] 杨世勇．体育院校通用教材　举重运动教程［M］．北京：人民体育出版社，2014.
[3] 杨世勇．优秀举重运动员减体重战术的研究［J］．成都体育学院学报，2003（4）．
[4] 杨世勇．提高举重运动员比赛成功率的探索［J］．成都体育学院学报，1999（4）．
[5] 钱光鉴，杨世勇．举重手册［M］．北京．人民体育出版社，1996.
[6] 钱光鉴，杨世勇．举重经典手册［M］．济南：山东电子音像出版社，2008.

第三章

举重运动员的心理训练

内容提要

本章主要介绍心理训练的定义、原则及教练员在心理训练中的作用，举重运动员主要心理障碍及其克服方法、心理训练的方法及比赛心理调控方法等。

学习目标

了解心理训练的定义、原则及教练员在心理训练中的作用，举重运动员主要心理障碍及其克服方法；学习掌握目标设置训练、应激控制训练和表象训练三种心理训练方法，使教练员能够对运动员赛前心理、赛中心理、赛后心理进行有效的调控。

第一节　心理训练概述

好的心理素质是取得优异成绩的重要保证。有道是：不想当将军的士兵不是一个好士兵，不想当冠军的运动员就不是一个好运动员。对运动员来讲，他的主要任务就是刻苦训练，取得优异成绩，而取得优异成绩需要过硬的技术和战术，更需要良好的心理素质做保证。运动员除了在运动场上比技术、比战术和比体力外，更重要的是比心理。据有关资料报道：因心理因素造成动作失败的占50%左右，因技术原因造成失败的占40%左右，因其他的原因造成失败的占10%左右。在举重中，特别是杠铃到了极限重量时，有些人就表现出了畏惧感，心理上首先就打了“败仗”，对要举起的重量失去了信心，但是有的运动员迎刃而上，超水平发挥。我们可以从许多直播比赛中看到这样的场面，运动员走上举重台，将杠铃提离地面后立即放下，放弃了试举的机会，往往都是因为心理因素所致。

举重是我国的优势项目，在世界杯、锦标赛、奥运会等大赛中屡次取得佳绩。然而，由于心理状态问题，一些优秀举重运动员在大赛中也经常出现重大失误。所以教练员在设计和实施心理训练前，要对心理训练的基本概念、原则等有所了解，做到知其然，更知其所以然。要能够经常分析及总结训练和比赛情况，运用心理知识帮助运动员发挥最佳水平。本节主要讨论心理训练的概念、作用及原则等问题。

一、心理训练的概念

从广义上讲，心理训练是有意识、有目的地对运动员的心理施加影响的过程。

从狭义上讲，心理训练就是采用一定的方法和手段使运动员形成良好心理状态的过程。

心理训练和其他练习一样，都要先从掌握基本的理论知识着手，再通过理论和实践的结合，逐渐将理论应用到实战的情景中予以检验。

二、教练员在心理训练中的作用

每一个教练员自身价值的体现就是在训练比赛中多培养人才，多出成绩。但是教练员和其他职业不同，出成绩的是运动员而不是教练员本身，运动员通过教练员的帮助来展现自己的能力，教练员通过运动员体现自身价值。当今高水平的竞争相差无几，忽视运动员的心理训练在重大比赛中就会显现出来。教练员要充分认识到心理训练不是一朝一夕的事情，需要教练员、运动员在整个训练周期中有计划、有针对性地组织实施心理训练，试图通过一次两次的训练是不可能在比赛中调整心理，获得比赛的胜利。在心理训练中，教练员开始是主导作用，待运动员慢慢接受后，即可在训练和比赛中进行自主调节。

三、心理训练的原则

举重运动员心理能力的训练，要遵循心理训练的科学原则，违反心理训练的原则所进行的心理训练就是盲目而没有效率的，甚至起反作用。教练员与心理工作者在对运动员进行心理训练时要遵循以下四个原则。

（一）身心发展的原则

运动员身心发展应是协调统一的。教练员在训练中要杜绝大运动负荷给运动员带来身体的损伤，杜绝用讽刺挖苦甚至打骂的行为对待运动员，在某种程度上这些方法的运用，有时候暂时会有一定的激励作用，但是它会给运动员的心理留下创伤，甚至是终生的伤害。教练员在进行心理训练时一定要维护运动员的身心健康和人格尊严，要遵循教育的基本原则，用积极肯定的语言和方法，关心和爱护运动员，促进运动员身心全面发展。教练员要提升运动员的心理能力和心理特征，主要包括健全的人格；思维的流畅和独立性；适宜的动机水平；情绪的自我调节能力；良好的社会适应能力等。

（二）循序渐进原则

在进行心理训练时要遵循由浅入深、由易到难、由基础到专项，循序渐进的原则。在进行心理训练前，先让运动员掌握一定的心理学知识，在训练中加以反复应用并在比赛实践中检验，从而不断提升自己的心理调节能力。如果运动员在心理训练上中途停止，教练员要耐心教育，让运动员意识到心理训练的重要性及训练的长期性，经过有计划的训练，运动员一定能提升自己的心理训练水平，从而在比赛中为己所用，甚至超水平发挥。

（三）个别对待的原则

人的心理比较复杂，个体也存在着很大的差异，即使是同一队员在环境发生变化时，人的心理都会发生变化。教练员在心理技能训练时要有耐心，要根据运动员的性格特点、能力、气质及兴奋与抑制等差异进行心理训练。比如，对不同气质性格特点的运动员要采用不同的方式方法，对不同年龄的运动员也要根据年龄特点进行心理指导。总之，在进行心理训练时，教练员要因人而异、因时而异，不能千篇一律，切忌一刀切。

（四）自觉积极性原则

教练员在对运动员进行心理训练时，首先要使运动员深刻理解心理训练的重要性和实用性，这样运动员才会自觉主动进行心理训练。如果运动员不相信心理训练，那么他们在训练中就会消极应对，流于形式。所以教练员在激发运动员进行心理训练时，前提是教练员自己要有一定的心理学知识储备，了解一定的心理学知识，从而在进行心理训练时得心应手，更好地调动运动员学习的积极性。

第二节　举重运动员心理障碍及其克服方法

举重运动员在训练和比赛中会产生各种各样的心理障碍，常见的心理障碍产生的原因及克服的方法如下。

一、厌烦训练的心理特点与克服方法

与其他运动项目相比，举重是比较单调、枯燥的项目之一。一个动作从学习到掌握到动作自动化再到技巧的形成，要经过多年的、艰苦的系统训练，才有可能达到较高的竞技水平。举重运动员整天与沉重的杠铃打交道，如果安排不适当，容易产生厌烦情绪，时间一长就会使身体和心理都很疲劳，从而厌烦训练。

运动员厌烦训练的主要表现有：情绪低落，精神不振，没有训练欲望与兴趣，甚至不愿意到训练场地去，即使被迫到训练场地也兴奋不起来，训练时身体总是活动不开，发硬，肌肉无力，不听使唤，做动作时反应迟钝，动作失调。甚至有的运动员一提起训练或到训练场地，就感到烦躁、头疼、心跳加快，有恐惧心理。

当运动员有了以上厌烦训练状态的时候，教练员不可以用过激的语言伤害运动员，也不可以对运动员施加压力，或者强迫进行训练。首先，要通过谈话诱导了解运动员的想法，改变其原有不合理的认知方式，树立克服心理障碍的信心；其次，可以采用环境更新法、精神转移法或想象训练法等来调节运动员的训练情绪，诱导运动员把注意力转移到自己感兴趣的事物上，如积极的休息、在大自然中进行自主运动、训练自己感兴趣的其他运动项目；最后，可以适当进行合理的心理放松疗法，使运动员在放松入静的状态下，回忆自己选择举重项目的初衷，回忆自己长时间训练达到目前现状所付出艰苦努力的勇气和自豪感，回忆自己训练时最好的感觉与体验，回忆在大赛中取得优异成绩时的喜悦心情，这样就可以逐步唤起其对运动的兴趣和训练的欲望，逐步克服厌烦心理的情绪。如果运动员对训练已经出现比较严重的症状，上述方法都对其无作用，抵触训练的心理依然很严重，那么教练员可以狠下心来给运动员安排一定的时间休假，用时间来消除他们的心理阴影，等厌烦心理慢慢消除后再逐渐唤起其对训练的欲望。

二、想赢怕输产生的原因及克服的方法

（一）想赢怕输产生的原因

想赢怕输是运动员在赛前对比赛结果的期望和担忧造成的情绪矛盾状态。在竞赛中，无论是久经沙场的老将亦或是年轻的选手，都可能会出现想赢怕输的心理。一旦出现此种状态，心理就会紧张，随之肌肉紧张、精神亢奋或体力不支、信心下降等，有的运动员在此种心理的影响下可能会一败涂地。想赢怕输心理是隐藏在许多运动员心中的魔咒，常常会在关键比赛前出现，往往使自己前功尽弃。举重运动员之所以出现想赢怕输的心理，主要源于两个方面的原因：

第一，运动员对比赛的期望值过高。特别是比赛的意义越重大，则对比赛的期望越高。想赢是每一个运动员的正常且自然的心理反应，许多运动员希望取得佳绩，给领导、给家人、给自己长期艰苦的付出一个交代与回报，由此会出现不同程度的紧张情绪，这本属正常情况，但这种紧张情绪一旦过度，则会带来负面的效应。

第二，运动员怕输就是怕丧失自身价值，怕失去名誉与利益。在赛场上，有的运动员对对手的强大实力产生恐惧，有的运动员担心自己失误或赛前状态不好，发挥失常而信心不足，特别是在最后一次试举决定输赢的关键时刻，运动员在怕输的心理作

用下其自控能力会降低，结果导致输掉比赛。

克服想赢怕输的主要措施是降低对比赛结果的期望和增加比赛获胜的把握性。能起到这种作用的方法有自我暗示法、极限训练法、强化认知训练法、心理疏导法以及正确的教育动机等。

（二）克服想赢怕输的方法

良好的心理素质要进行长期的科学系统训练，通过心理训练，可以培养运动员优良的心理特点，使其摆脱“想赢怕输”的心理。许多运动员在比赛中能够反败为胜，都是靠强大的心理素质做后盾。克服想赢怕输的心理可以运用以下四种方法：

①自我暗示是运用自我肯定和有影响力的内部语言来调节自己的需要、动机和目的，以增强自信心和稳定情绪，预防自己的不良心理。如在比赛处于劣势或关键时刻，可以运用肯定的语言如“我能行”“我一定能举起来”进行暗示，也可以用“向上撑住”等和自己技术特点相关的语言来暗示。

②进行极限训练，培养运动员坚强的意志品质。可以开展越野长跑、爬山、蹦极等极限心理训练手段，让运动员在恶劣的环境下，磨练其沉着冷静、坚忍不拔的意志品质，提高运动员的心理承受能力，从而能够在比赛中保持稳定的情绪，灵活自如地应对比赛中一些突发事件。

③强化认知训练，不断调整运动员的心理状态。开展认知训练，目的是增强运动员取胜的信心，利用鼓励和肯定的语言加以疏导，以积极的思维替代消极思维，让运动员能及时地把注意力集中到训练比赛中，缓解其紧张的情绪，使生理机能尽快恢复到常态。由于运动员的个性、运动经验、技能水平的差异，每个人的心理障碍会表现出极大的差异性。但是无论有什么的差异，都要求心理工作者和教练员对运动员的心理障碍采取合乎逻辑的解决方法，根据运动员的身心状况，辅之以放松训练、精神疗法，以鼓舞斗志、坚定信心，调整其保持最佳的竞技状态。

④最佳成绩回忆法就是在赛前对过去比赛取胜情况的回忆。一般运动员想赢怕输往往是对自己以往比赛失败的情景记忆犹新引起的，曾经失败的阴影一直困扰着运动员，担心以前的失败再次上演，所以运动员要回忆令人兴奋的场面、动作、情绪甚至取胜时欢呼的场景，激起运动员对比赛的渴求，提高比赛的欲望。

三、注意障碍及其消除方法

运动比赛要求运动员全神贯注，能够有意识地调节注意的指向性，使运动员把注意集中到具有积极情绪作用的事件上去。如果运动员在比赛中不能表现出正常注意状态，我们就可以认为这是注意障碍。一旦注意出现障碍，会直接影响竞技水平的发挥和运动效能。良好的注意往往是取胜的关键之一。

（一）注意障碍的表现

①注意力过度集中。集中精力是把你所有的注意力都集中在当前活动中，如果注意的强度过于集中，会适得其反，注意的范围会缩小，注意的转移速度会下降。

②注意起伏性过大。人的感受性不能长时间地保持固定的状态，而是间歇地加强或减弱，即注意的起伏。一般每次起伏的周期平均为8~10秒，否则就会出现起伏性太大，直接影响技能质量与效果。

③注意转移与分配能力差。运动员注意转移太慢，不能调节比赛节奏的需要，对比赛的各项活动不能分配合理，从而顾此失彼。

④注意分散，是与稳定性相反的状态，如不由自主地离开了当前应该集中的对象或活动，而被其他的刺激所吸引，不能稳定地指向并集中到当前的比赛技术中。

（二）比赛中注意障碍形成的原因

①身心处于疲劳状态，没有精神与斗志，注意力涣散。

②平时缺乏系统注意集中训练，比赛中一遇到突发情况就手忙脚乱，无法集中注意力应对比赛中出现的意外情况。

③运动员的个性差异，如运动员性格、气质及意志品质等也会影响注意集中的时间长短与起伏程度。

④比赛中各种不可控的内外因素干扰。

（三）注意障碍的调节方法

①教育运动员对他所从事的事业具有强烈的使命感和浓厚的兴趣，可以通过这种内部的动机使运动员注意力高度集中。

②赛前控制信息输入量，避免无关刺激，影响运动员的情绪。信息过多会使大脑注意过载，心理受到干扰，因此要加以控制与调节，如运动员在赛前减少活动，保持安静状态，不受外界条件的影响。

③凝视实物训练。利用手表、秒表等计时工具进行训练，请运动员注视手表秒针的转动，先将时间设定为1分钟，若1分钟内注意没有离开过秒针，再将观察时间延长到2分钟、3分钟，确定注意力不离开秒针的最长时间，然后再按此时间（最长坚持时间）重复3~4次，每次间隔时间为10~15秒。每天坚持练习几次，经过一段时间，注意力集中的能力便会提高。

④辨音法。在嘈杂的环境中，让运动员辨别钟表走时发出的滴答滴答的声音并记录听见的次数，开始可以先从1分钟计数，慢慢增加时间，以5分钟为限。另外还可以在赛前听听音乐、拍手放松、呼吸调节、默念节奏等，这些都是调节与集中注意的有效方法。

⑤模拟训练。针对比赛中遇到的干扰进行专门的模拟训练。比如，应用音频模拟系统在队员全神贯注发力时，突然敲出一记锣响；一旦运动员在举起杠铃身体晃动时，大声喝倒彩等，以此提高运动员在赛场上遭遇意外刺激干扰时的注意力集中能力。

⑥想象将“失败”转变为“成功”的训练。当运动员发生失误时，要立即进行成功动作表象，而不要反复思考失误情境。因为当我们在口头上或心理上反复叙述自己为何失误时，恰如在一遍遍地进行“视动行为演练”，而这种想法对此后的动作表现将产生极为不利的影响。因此，教练员应该引导运动员在失误或受伤时，避免一再地谈论自己的失误或受伤的发生状态，而应鼓励他们在脑海中完成对接下来完美动作的表象。

四、意志障碍与消除方法

意志是自觉确定目的、克服困难，从而实现预定目的的一种心理过程。

举重运动项目的特点是每天在训练中要坚持完成高强度、大运动量的训练内容，特别是有的运动员降体重后还要挑战自己的最佳成绩或者超水平发挥，所以意志力的培养至关重要。意志障碍是指运动员在训练和比赛中，遇到各种各样的内部和外部困难时，不能及时合理地加以解决。

（一）意志障碍的表现

①目标模糊不明确。有的运动员没有长远目标，比赛成绩好时沾沾自喜、骄傲自满，比赛成绩不好时垂头丧气、患得患失。训练比赛时没有动力，动机力量不足。赛前准备不充分，赛中注意力不集中，随便应对，没有竞争意识，比赛好坏无所谓。

②优柔寡断和武断行事。遇到问题犹豫不决，不能果断处理，常常贻误战机。与此相反的是考虑问题不深入，草率从事，到最后由于自己的不慎重功亏一篑，这些意志障碍危害甚大。

③软弱无力和缺乏斗志。如果一名降体重的运动员没有坚持到底的决心，积极克服因降体重引起的生理上的不适应，就会身体发软，丧失意志力，最终引起试举失败。

（二）意志障碍产生的主要原因

①运动员没有明确的目的和训练动机，教练员让练什么就练什么，没有训练的主动性和创造性。

②个性因素，特别是性格中的意志特征直接导致意志障碍的产生。有的运动员从小怕苦怕累，开始靠自己良好的身体素质及对举重项目的兴趣达到一定运动水平，但是往往高水平需要运动员付出常人难以忍受的痛苦，这就需要坚强的意志做支撑，如果运动员在溺爱的教育环境下成长，就会形成怕吃苦的心态。

③缺乏进行意志品质教育的手段和方法。运动员的意志品质不是天生就有的，而

是后天的训练才能获得的，如果教练员在训练中没有进行有计划而又系统的训练，运动员就会在训练和比赛中对困难束手无策、毫无办法。

（三）意志障碍的消除方法

①提高行动的目的性和认知态度。运动员认知水平高，知道自己行动的目的、意义，运动效果就会显著，因为认识水平的提高可以促进自我控制作用，充分发挥主观能动性去克服重重困难。反之，认知水平低，遇到困难时就会软弱、动摇、没有斗志。

②在平时的训练中要注意加强意志训练，如在训练结束，当运动员已经相当疲倦时，教练员有意识地让运动员坚持举多组较大重量的杠铃，或用大重量的杠铃做深蹲。通过疲惫仍能坚持举大重量的训练，培养运动员在比赛的最后关键时刻仍能发挥顽强拼搏的精神，但同时也要密切关注运动员的防护与监督，避免因疲劳而引起伤害事故。

③采取适当的奖惩措施。意志的培养有时需要一定的强制条件，所以一个优秀的教练员一定要制定必要的规章制度，做到有令则行，让运动员感到有压力，从而变成动力。特别是对一些意志薄弱的运动员更要从制度上约束，让其经过长期的练习与训练，能够学会自我调节，以积极、主动的态度去对待困难。

④模拟比赛。采取模拟训练要尽量接近比赛的实际情况，对于新运动员来说，模拟比赛非常重要，对于老运动员来说，可以采取相互比赛的方法鼓舞士气，甚至可以用激将法来激发运动员的拼劲，真正做到宝刀不老。

第三节 举重运动员心理训练方法

一、目标设置训练

（一）目标设置训练概述

目标设置的概念早期见于管理心理学，后来被移植到竞技运动心理领域。目标是指个体试图在限定的时间内所要达到的某一特定行为的标准。目标具有方向性和强度性两个特性。目标的设置如果是为了掌握体育运动知识、提高身体能力或发展心理技能等，这是目标的方向性特征。目标还可能因其对个体的重要性不同而对他们的心理和行为产生不同的效应强度。个体认为某个目标很重要，具有很大的个人和社会意义，这个目标就会对运动员的行为产生较大影响力，其就会为此目标而不懈地努力，直至完成目标为止。反之，如果运动员认为某个目标对其没有任何意义，实现它没有任何价值，这个目标对他的行为就没有任何影响力和推动力，随之运动员不会做任何去实现目标的努力，这是目标的强度性特征。所以，在设置目标时，要考虑这两个特性，否则运动员就会失去方向和行为的动力。

目标设置对教练员和运动员来说看上去很简单，但是如何设置有效的目标却不容易，往往会出现目标模糊、没有挑战性，或设置了目标却没有起到任何作用。设置的目标要从以下四个方面能够改进运动员的表现：

①目标可以引起运动员的高度重视，使他们将心理和行为指向需要练习的任务。

②目标可以动员练习者全身的身心能量，激励运动员不断挑战自己的生理极限。

③目标可以提高运动员对项目的坚持性，即使遇到重挫与困难也能够坚持不懈。

④目标可以激励教练员和运动员寻求和发现有效的训练方法进而实现目标。

（二）目标设置的分类

1. 长期的目标与短期的目标

运动员的进步与当下的努力是分不开的，但是它必须要有长期目标的指引，行动才可能更加自觉坚持不懈。短期目标可以是几周或一个月左右的时间，运动员设置短期目标可以产生立竿见影的作用，使运动员看到自己努力了就有进步，但是如果运动员短期目标没有长期目标的引导，在遇到困难和挫折时就会缺乏坚持性，从而功亏一篑。所以，只有将短期目标与长期目标结合起来的设置方式才是理想的。可以使用设置“阶梯目标”的方法将短期目标和长期目标很好地结合起来，即把它们的结合形式看作一级一级的“阶梯”。最低一层的是运动员的当前的能力和水平，最高一层是某一阶段的最终目标，中间各层是一个个的短期目标。在“阶梯”的上升过程中，难度要越来越大，但是递增的幅度却是越来越小。在为每一级目标制定出具体的技术表现标准时，还要制定出实现每一级目标的具体时间。

2. 具体的目标与模糊的目标

具体、明确的目标对运动员的心理和行为的推动更有效，因为它可以更清晰、更准确地表达出教练员和运动员的期望，而且可以比较精确地进行测量，得到量化的数据，作出客观的评价。在训练和比赛中，教练员经常给运动员提出“尽最大努力”的目标，它似乎是一个最佳和最具有激励作用的目标，运动员只要比赛时尽自己最大的努力，即使发挥不佳也不后悔，所以其实这也是个安全的目标，因为他们总是可以说自己尽了最大努力。但“尽最大努力”太抽象，很难给出一个具体的含义。它是一个笼统、模糊而无法测量的目标，实际上它根本就不是目标，而是人们所不断努力追求的一般目的。

3. 设置现实而又具有挑战性的目标

美国著名运动心理学家马腾斯认为，设置一定难度的、具有挑战性的目标比设置过易或过难的目标更能促使个体完成活动任务。设置过于容易的目标，运动员动机水平会降低，而目标难度太大甚至不能使人达到目标，运动员的动机水平也会降低，因此要把目标的难度控制在一定的范围内，要设置具有现实且有挑战性的目标，教练员要综合考虑运动员的实际能力及他们对自己能力和目标难度的认知，如果运动员设置的目标超出了自己的实际水平而难以达到，教练员就要及时加以调整。一般来说，高能力、高成就需要和高自我效能感的运动员会选择具有挑战性的目标，与之相反的则会选择容易的目标。

4. 任务定向的目标和自我定向的目标

任务定向指学习的目标是掌握运动技能，提高个人成绩，强调同自己的过去比较而建立成绩标准并注重个人的努力程度，只要自己全力以赴并刷新了自己的个人记录，就会产生成功感。自我定向指学习的目标是体现自己与众不同的能力，在同他人比较的基础上建立成绩标准，即使自己的成绩与他人相同，但只要自己付出的努力少一些，也会产生成功感。目标定向理论提出，任务定向的目标是更好的目标。尽量多地以运动员本人体育成绩提高程度作为评价运动员进步的基础，即多进行个人比较的评价，少进行社会比较的评价，强调个人努力的重要性，淡化个人能力的重要性。

二、应激控制训练

当运动员所感知的环境与他所认为的自我能力间不平衡时，就会出现紧张。适宜的紧张应激能使运动员集中注意力，提高思维敏捷性和反应速度；不适宜的紧张应激则会分散注意力，引起思维迟钝、动作变形、运动效能下降。一般来说，应激水平较低、唤醒水平也低时，运动效能水平较低；应激水平提高，唤醒水平随之提高，运动效能也提高，直至最佳水平；应激水平再提高、唤醒过度，开始对身心活动产生消极影响，则运动效能下降。可见，过低和过度的应激都会给比赛带来不良的影响。对运动员来说，紧张激烈的比赛、难度很大的训练，都有可能引起应激过度，消耗运动员的心理能量，导致消极与失败的结局。所以，应激控制训练主要是对过度紧张应激的控制性训练。

（一）紧张应激的表现与形式

1. 紧张应激的含义及表现

所谓紧张应激是运动员处于压力环境中所产生的一种不愉快的情绪状态及相应的身心反应。生理上可能是心率加快，汗腺分泌增加，呼吸短促，瞳孔放大，肾上腺素分泌增加，肌肉紧张增加，尿频等现象。心理上可能表现为焦虑不安，茫然无所适从，注意力分散，转移与分配能力下降，遇到问题优柔寡断或武断。造成运动员紧张应激的主要原因包括外部环境、自我认知和唤醒三个因素。

当运动员体验到紧张应激时，要从各个方面进行归因，即产生紧张应激的原因，其中最经常出现的一种反应就是从外部环境寻找原因。例如，“领导、教练员对我的压力太大了”“这么多人来看比赛，万一第一次试举举不起来怎么办”“如果比赛不好对不起父母，对不起教练”等诸如此类的想法。通常运动员在比赛中经常倾向于把周围环境中的某些事件作为说明紧张应激的原因。

但是外部环境并不是导致运动员产生紧张应激的全部原因或唯一因素，最重要的因素还在于我们如何去感知外部环境中所发生的各种事件。当某一场重要的比赛开始时，体育馆内座无虚席，裁判员态度严肃，教练员鼓舞打劲，观众情绪异常热烈。有的运动员会想：“机会终于来了，我可以把最好的水平展示给大家。”而有的运动员则可能会想：“这么多人看我的比赛，我一定不能输掉比赛，否则别人会瞧不起我，会看不起我”。同样一场比赛、同样的裁判员、同样的观众，但是有的运动员能够以积极的心态面对比赛，不到比赛结束永不放弃，而有的运动员则是消极地感知周围的情况。

第三个紧张应激要素就是个体的唤醒对外界环境的反应。唤醒是指运动员比赛中所表现出的不同的强度水平。唤醒水平与运动成绩成倒 U 型关系，一般来说，运动员处于中等水平状态时运动成绩最好，此时为最佳唤醒水平，而低唤醒水平或过度唤醒状态都将导致运动员的成绩处于低水平。唤醒水平一般与运动项目、比赛的任务、比赛的规模、运动员与对手实力的比较、运动员的个性差异等有关系，教练员要根据运动员不同的最佳唤醒水平进行不同的临场指导。

2. 紧张应激的形式

从紧张应激的定义可知，紧张应激是个体的消极思维和个体的唤醒对外界环境反应时发生变化的结果。研究者们根据个体对外界环境做出反应时，消极思维和唤醒变化出现先后顺序的不同，将紧张应激划分两种不同的形式。

第一种是：外部环境—唤醒—消极思维—紧张应激。

第二种是：外部环境—消极思维—唤醒—紧张应激。

第一种形式的紧张应激是对环境刺激的一种反射性反应，而运动员的认知是刺激的中介。如某一个举重运动员又碰到击败他的老对手，就忽然觉得肌肉的紧张度增加，心跳加速，掌心出汗，口干舌燥。他认为自己在过去的比赛中总是以失败告终，从而体验到一种莫名其妙的紧张应激。在这个过程中，运动员的唤醒水平是由于过去的失败经验使其与对手建立起了某种联系，当他碰到对手时，唤醒水平马上提高。

第二种形式的紧张应激是消极思维的想法产生在先，唤醒在后，是先有消极思维，然后才出现生理唤醒。运动员通常表现为：比赛前运动员正在观看对手的热身，他的头脑中就认为战胜这个对手非常困难，没有任何取胜的把握，此时就会导致运动员生理唤醒水平升高，肾上腺素增高，心跳加速，膝关节颤抖，脖子和背部上方的肌肉变紧张，举重动作严重变形。

（二）控制紧张应激的策略

1. 外部环境的控制

运动员比赛的外部环境包括比赛的规模、赛场的环境、对手的情况、观众及教练的期望等，通常认为在不确定自己是否能满足外界对他的希望但比赛又具有非常重要的意义时都很容易导致运动员紧张应激。所以在外界环境中，我们需要控制比赛的不确定因素，淡化比赛的重要性。赛前让运动员明确训练条件与要求，可能出现的问题及处理问题的方法，明确比赛的时间、地点、场次以及应该达到的标准。另外，在比赛中要克服想赢怕输的心理，要敢于拼搏、敢于挑战，把自己平时的训练水平发挥出来或者超常发挥水平。

2. 身体紧张应激控制

运动员在比赛前或比赛中，当出现过度紧张时，就会焦虑不安，心慌烦躁，食欲减退，睡眠减少或失眠，小便明显增多。有的运动员会出现行为异常，疑神疑鬼，对比赛器材不放心，外向运动员整天闷闷不乐，不愿意与人沟通，而内向运动员则滔滔不绝，说话没有逻辑，甚至个别运动员出现惧怕比赛的现象。教练员要善于观察运动员紧张应激的表现，进行合理有效的控制。

控制身体主要有以下几种方法，表象放松法：使运动员尽可能地平静，保持舒适的姿势，调节呼吸，想象自己在某一场比赛或训练时举起最大重量的感觉。渐进放松法：紧张某一肌肉群，依次轮换循环放松，最后达到全身放松。这种方法在平时训练中要每天训练一次，当运动员掌握了这种技能就可以在激烈的比赛中自如地控制紧张应激。

3. 认知的紧张应激控制

在引起紧张应激的三种因素中，外部环境本身并不是紧张应激的直接原因。产生紧张应激的主要原因是个体对外部环境的不合理的消极思维引发的，即我们对外部世界的认识，而不是外部世界本身导致了我们的紧张情绪和情感，所以认知的紧张应激控制就是建立积极的思维，用合理的信念取代不合理的信念。具体做法：首先要让运动员认识到紧张应激是由消极思维引起的，这是认知干预的前提和基础，应该让运动员能够识别消极思维和不合理的信念，例如，“这次比赛我必须获得冠军”“比赛不好，别人瞧不起我”等，这些都是消极思维，应该排除。其次当头脑中有消极思维的念头时，自觉中断，而启用积极思维，如“我紧张对方比我还紧张”“两强相遇勇者胜”

“没有人能把我打倒”。

三、表象训练

（一）表象训练的内涵

表象训练也称想象训练、念动训练、表象演练等，是指在暗示语的指导下，在头脑中反复想象某种动作或运动情景，从而提高运动技能和情绪控制能力的过程。表象从外表上看，并未进行明显的身体动作活动，但头脑中却在详细描绘动作过程或细节，表象训练具有很强的形象性和直观性。

（二）表象训练的作用

1. 有助于建立和巩固正确的动力定型

依据心理神经肌肉理论原理，运动员每一次技术动作的表象训练都会产生脑电变化，经过脑细胞无数次的暂时性联系，逐渐成为稳定的联系，这便形成了技术的动力定型。在正常的训练中可以采用语言、声音、肢体动作、教练员的示范来加强学生的大脑印象，并通过实际技术动作的练习，使自身的动作定型。表象训练可以产生技术训练的效果，成为当今竞技运动技术训练有效的补充，丰富了技术训练的手段。

2. 有利于提高运动员成功的信心

赛前运动员进行表象训练时，教练员要适时诱导运动员对以往训练或比赛中个人最佳表现的感受，对动作进行反复演练，调动相关的运动感觉，使运动员在赛前经历完美的技术感觉，唤醒运动员内心深处成功的感觉，增强运动员获胜的信心。

3. 有利于形成最佳竞技状态

举重是力量型项目，是非连续闭锁性的技能项目，持续时间短，需要一定的爆发力，对运动员生理和心理的耗能是严峻的挑战。举重运动员有大脑兴奋水平低的特点，沉着冷静的心理状态，这种不兴奋的状态对瞬间的爆发力有抑制作用，而表象作用之一就是增强运动员的自信，调节激活水平及调节举重运动员相对的低唤醒，有效地促成运动员最佳竞技状态的形成。

（三）表象训练程序

1. 身体放松

和其他心理训练一样，表象训练前也必须要进行身体放松，因为只有身体放松了才能使中枢神经系统和运动肌肉系统保持畅通。在进行身体放松时，要选择一个相对安静的环境，调整好自己的放松姿势让自己处于较为舒适的位置，如果很难找到理想的放松环境，那就要挖掘自身的潜力，保持心理的安静状态。

2. 唤醒感觉

运动员进行表象训练实际上是进行自我的“内化”训练，因此在表象训练的背景里同样需要有实际的人、物、声音、器材、环境的存在，否则表象训练就失去依托。在训练时要进行感知觉的唤醒。

3. 表象训练的方法

实施表象训练的主要方法有以下三种：

①表象清晰性训练。训练时，运动形式的感觉尽可能真实清晰，与原有的内容要非常接近，如场地、器材、观众等，这主要为视觉成分转向动觉表象训练。

②表象控制力训练。表象训练过程中，运动员可以根据需要对动作的某一环节、身体的某一部位进行操纵或塑造。表象控制能力既是表象发展水平的标志，又对强化正确的动作要领或纠正错误的动作非常有益。

③结合专项的表象训练。运动员进行心理训练的目的是适应比赛的需要，表象训练方法的掌握对运动员的成功非常重要，它对解决训练和比赛中的实际问题是很有帮助的。在心理学家的参与下，教会运动员逐渐学习掌握结合专项的表象训练非常重要。

第四节　举重运动员比赛心理调控

影响运动员比赛成绩发挥的原因除了技术、战术、体力、准备活动、伤病、体重等因素之外，运动员的心理状态也是直接影响举重运动员试举的成功率的重要因素。如何做好赛前精心准备、赛中精准指导、赛后正确归因，是教练员和运动员都需要迫切解决的问题。举重运动员赛前一般心理状态是压力大、举得次数少，能否成功在此一举。运动员在比赛场上的心理负担是很大的，比赛时某些因素或条件的改变，将会直接影响运动员的心理状态，往往会对试举成功与否产生直接的影响。

一、赛前心理准备

举重运动员赛前准备包括许多方面，如身体机能准备、技战术准备和心理上的准备等。其中对于一个技术已经达到顶尖水平的优秀运动员来说，心理准备尤为重要。美国著名运动员刘易斯曾经说过，运动员平时主要是身体上的准备，比赛前 90% 是心理上的准备，所以说心理方面的准备非常重要，举重项目也不例外。举重运动员赛前的心理准备包括以下五个方面的内容。

（一）明确比赛任务，建立适宜的比赛目标

运动员应该设置具体的、现实的表现目标，目标应该既能发挥运动员的机能和潜力，又能被运动员所接受，同时为了避免目标过高给运动员带来思想包袱，应该稍微留有余地。要根据比赛的规格，了解对手的身体、技术、战术、心理水平等方面的信息，根据本方队员的实力，设置合适的比赛表现目标。

（二）激发良好的比赛动机

运动员参加比赛的动机各有差异，其性质也各有不同。此时，教练员应根据运动员的个人特点，通过各种手段和措施，调动运动员渴望参加比赛的心理，才能动员机体潜能的开发，使其投入到比赛中去。同时通过教育，让运动员形成为国争光、为集体争光的崇高的社会动机，这种正确的社会动机对运动员的行为才会有持久的推动作用。相反，如果运动员仅仅只有个人动机，追求地位金钱与名誉，那么他在比赛中遇到困难时，往往会患得患失，没有动力，狭隘偏见，发挥失常。

运动动机除了有性质的不同外，还有动机水平的高低存在着差异。过高的动机水平会引起机体兴奋性过高，造成运动员情绪不稳定，从而影响技战术的发挥。动机水平过低，不能充分调动主动性、积极性，心理能力得不到动员，造成运动员水平降低。运动动机的倒 U 字假设认为，适宜的动机水平（中等水平）有利于运动员充分发挥竞技能力和获得最佳成绩。当然，运动项目不同，运动员个性不同，其最适宜的运动动机水平也存在差别。举重项目是以力量和速度为主、动作相对简单的运动项目，比赛一般要求较高水平的动机，运动员应根据自己技术水平和比赛经验，调整自己的动机水平，从而充分发挥自己的水平。

（三）调整比赛的情绪状态

适宜的情绪能更好地发挥大脑皮层神经系统调节支配机能，运动员在赛前的情绪过高或过低时都会影响比赛的发挥。教练员应有针对性地进行心理指导，帮助运动员掌握自我放松技术，保持心理镇定，改变或转移注意的指向，切忌施加任何压力，以免使运动员过分激动或伤害他们的自尊心。当运动员在比赛前遇到挫折或不利因素时，可通过认知训练帮助运动员充分认识自己的优势，增强他们的自信心，减轻赛前的精神负担，以愉快、饱满的心情迎接即将到来的比赛。

（四）比赛信息的收集和应变策略的准备

信息的收集也是赛前准备的重要组成部分，特别是对手的信息，做到知己知彼，

百战不殆。要了解对方的优势和劣势，在此基础上，教练员要帮助运动员正确定位，与运动员共同制定应对比赛的策略。运动员要全面分析比赛形式和各种利弊因素，清醒地看到自己的长处和不足，不可盲目乐观，要针对场上可能出现的困难，找出克敌制胜的方法。

（五）增强比赛的信心

对于举重运动员来说，强大的自信心是获胜的关键，信心是成功的基石，信心是拼搏的动力。如果怀疑自己举不起来或者害怕对手举过自己，那就很难成功。运动员要充分相信自己的实力，对自身的优势要全面地分析，通过积极的暗示、积极有效的思维增强比赛的信心。

教练员赛前在心理方面最重要的工作就是充分调动运动员机体和心理的活动积极性。调动运动员积极性的方法有很多，如充分的准备活动、适宜唤醒水平的习惯培养、心理的调节和有效的思想工作等。总之，要使用一切办法，让运动员能以百分之百的热情及最佳的比赛状态投入到比赛中去。

二、赛中心理指导

赛中，教练员在心理方面的主要任务是调整运动员的状态使其进入忘我的境界。运动员竞技状态的核心内容就是忘我，在这种状态下，运动员能对比赛环境、观众、裁判等因素不加关注，能够将荣辱得失置之度外，能够享受比赛，有强烈的比赛欲望，头脑清醒、反应敏捷、两眼有神，技战术能够自如发挥。教练员要注意观察运动员的言行举止，通过有效的指导语和谈话等方法手段促进和保持运动员最佳竞技状态的形成，从而在竞赛中发挥出自己最高水平或超水平发挥。

三、赛后心理调节

赛后，教练员主要帮助运动员建立起正确的归因习惯。归因，即归结行为的原因，指个体根据有关信息、线索对自己和他人的行为原因进行推测与判断的能力。归因的方式很多，如从努力、能力、任务难度、运气、环境等方面进行分析。教练员在指导运动员赛后进行归因时，要多从努力的程度进行归因，即多从内部归因，少从外部因素进行归因，引导运动员树立信心，使其投入到以后的训练和比赛中。

学习思考题

1. 心理训练的定义、原则及教练员在心理训练中的作用有哪些？
2. 举重运动员心理障碍及其克服方法有哪些？

3. 举重运动员进行目标设置时应遵循哪些原则？
4. 教练员如何控制和调节运动员的紧张应激？
5. 试述表象训练的定义、作用及程序。
6. 如何进行比赛心理调控？

参考文献

[1] 杨代艳．举重运动心理训练和自信建立［J］．科技创新导报，2008（23）：232.
[2] 何永香，钟成灿．浅谈少年举重运动员心理训练［J］．广东科技，2011（14）：57.
[3] 国家体育总局．中国体育教练员岗位培训教材武术（散手）［M］．人民体育出版社，1999.

第四章

举重教练员的科学研究

内容提要

本章对举重教练员科学研究的必要性做了阐述，并结合举重运动发展特点，重点分析了举重教练员科学研究的主要内容和课题来源，同时对举重教练员如何做好科学研究工作提出了基本要求与建议。

学习目标

了解举重教练员科学研究的必要性与科学研究课题的来源；掌握举重教练员科学研究的主要内容与方法。

第一节　教练员科学研究概述

众所周知，现代科学技术的迅速发展也给体育运动带来了日新月异的变化。现代国际间的竞争，说到底是综合国力的竞争，其中关键是科学技术的竞争。同样，现代奥林匹克运动场上的竞争，实质上是各国科学技术的较量。

体育运动实践证明，现代体育运动的发展离不开科学技术研究活动的开展。可以说，没有高水平的科学技术研究，就没有科学的选材和科学的训练，也就不能培养出高水平的运动员；同样，没有高水平的科学技术研究，就不能造就出高水平的师资队伍，也就不能培养出高水平的体育人才。

因此，大力开展科学研究工作非常重要，它对于我国体育事业的腾飞，有着极其重要的现实意义和深远的历史意义。

一、教练员进行科学研究的必要性

体育科学技术是推动体育运动发展的强大动力，是增强人民体质、提高运动技术水平的巨大力量。体育科学研究已经成为各国发展体育事业的战略重点。发展体育必须依靠科学技术进步，体育科学技术必须面向整个体育事业的发展。因此，加强体育科学研究，对于促进教练员的职业成长，对于促进我国各项体育事业的可持续发展，均具有重要意义。

（一）体育科研工作是教练员职业成长的必需

国外有人调查，当今一个人的知识只有10%是靠正规学校教育给予的，其余的90%是在以后的工作实践和职业学习中获得的。大学毕业后的继续教育资料显示，一个人每年需要更新知识的含量约占15%~20%。所以不学习、不更新知识，就会被飞速发展的科学技术所淘汰。普通教练员往往是经验型的教练员，而优秀教练员绝大多数是研究型的教练员；普通教练员成为优秀教练员的基本过程为积累期、成熟期、创造期。科研能力是优秀教练员的必备素质。体育科研是教练员自我提高，是教练员由“积累期”向“成熟期”乃至“创造期”过渡的重要途径。每一次的科研活动，不仅使教练员主动吸收体育科学理论和同行经验，开阔教练员的视野，更新教练员的理念，而且提高了教练员的训练与管理水平，也会提升教练员的职业成就感。

（二）体育科研工作是运动训练科学化的迫切需要

1997年颁布的《奥运争光计划科技工程》明确指出：“科技成果只有通过训练部门，特别是教练员，才能直接作用于训练和比赛过程中，因此，他们是训练与科技相结合的主体。提高教练员和训练管理人员的科技意识、文化素质和对科研成果的理解、吸纳、开发（应用、转化）能力，发挥其主体作用，是实施本工程的关键”。

教练员是科训结合的主体。在竞技体育发展的今天，教练员只有将现代科学训练理论、科学方法与先进技术贯穿于运动训练全过程，才能提高运动训练的科学化水平。运动训练全过程是一个由直接或间接影响运动技术水平的因素所构成的复杂的多层次系统。它包括科学选材与科学育才的所有环节。要实现运动训练的科学化，就必须进行科学研究。

（三）竞技水平不断提升的重要助推力

随着现代科学技术的迅速发展，如今运动场上的较量在很大程度上是教练员之间智力的较量，科研能力的较量。只有在训练活动中进行科学研究，提高竞技运动的科学训练水平，才能取得竞技运动水平的重大突破。只有把日常训练和科研工作做精、做细，在各个细节上力求完美，才能在奥运会上创造辉煌。只有那些善于学习，对信息高度敏感，通晓国际及国内大势，博采众家之长，善于科研、不断创新的教练员，才能带领运动员处于竞技运动的领先地位。

二、教练员进行科学研究的基本要求

体育科学研究工作不仅是体育科研人员的事情，更是包括教练员在内的所有“体育人”分内的一项十分重要的工作。要做好这项工作，就必须对教练员提出以下基本要求。

（一）要有自信心

实践中人们会发现，有的教练员训练是把好手，但是说起科研，常常显得极其不自信，认为自己不能胜任科研的要求，根本不具备科研的能力。自信心是成功的首要前提，作为教练员一定要相信自己的研究能力，相信自己完全有能力胜任体育科研工作，这是取得科研成效的关键。

（二）要有平常心

有些教练员潜意识里一直认为科研工作是科研专家、学者所为，于自己是遥不可及的事情，有这种观点的教练员是对教练员体育科研的定位不准确所致。教练员的科研与专家、学者的科研是不同的，专家、学者的研究问题多是来源于理论；而教练员的研究则更多地来源于教学、训练、比赛、管理等实践。

对自身科研要有明确定位，不要用科研专家、学者的标准要求自己，以平常心看待科研，假以时日，教练员也完全有可能成为体育科研的行家能手。

（三）要有责任心

教练员是实施科学训练的主体。要实现运动训练的科学化，就必须进行科学研究。体育科研是教练员实施教学、训练、管理等实践活动的手段之一，它可以用来不断提高教练员的业务水平，推动教练员自身职业生存方式的转变，促进教练员职业成长。这就需要教练员明确岗位职责，增强科研工作的责任意识。

（四）要有进取心

拿破仑·希尔说过，进取心是一种美德，它能驱使一个人在未被吩咐应该去做什么事之前，就能主动地去做应该做的事。教练员要不满足现状，不固步自封，主动探究科学训练的真谛，自觉将体育科学研究与训练有机结合，这是当代优秀教练员应该有的体育科研工作的进取心，更是一名职业教练员应具备的职业进取心。

（五）要细心

细心是发现问题的前提。教练员的科研工作就要从小处着手，需要做“小学问”，需要细致入微地考察训练工作，进而发现值得研究而且有可能深入研究的问题。

细心是实施研究的保障。借助细心，教练员才能发现问题并在转化成课题研究、形成研究方案、实施研究、形成科学假设、成果评价与实证研究等诸多科研环节上不出差错，实现既定研究目标，取得研究实效。教练员需要用缜密的思维和洞察秋毫的眼光为自己的科研做支撑。

（六）要有恒心

体育科研活动和其他科研活动一样，都不是一件容易的事情，尤其对于整天忙于“最大限度挖掘运动员潜能，实现金牌战略”的一线训练、管理的教练员们更是如此。所以有些教练员在科研活动中就失去了将科研作为自身科学训练的一部分的恒心，教练工作实践中有过的一些包括训练手段创新等方面的探索与研究，也往往是昙花一现或者浅尝辄止。

第二节　举重教练员科学研究能力的培养

举重教练员要加强自身的科学研究能力，提高自身科学研究水平，就必须了解举重教练员科学研究的主要内容与指向，掌握课题主要来源与科研方法。

一、举重教练员科学研究的指向

与古时罗马人在棍子上绑石块来展示体力不同，现代举重运动已远离了靠蛮力决定胜负的年代。在不断挑战极限的训练和比赛背后，有一种“巧劲儿”在中国举重队备战奥运会的过程中做出了突出的贡献，这就是体育科学研究。教练员科学研究的内容很广泛，涉及基础理论学科、运动技术学科、体育实践、新兴学科和新兴科学技术等方面。更重要的一个方面是教练员科学研究的指向直接与竞技运动水平的提高相关，并重在应用性。因此，举重教练员科学研究的指向主要表现在以下七个方面。

（一）举重运动员科学选材的研究

田麦久等认为，运动员选材是竞技体育活动的发端，是挑选具有良好运动天赋及竞技潜力的儿童少年或后备力量参加运动训练的起始性工作。“正确的选材是造就优秀运动员的先决条件”“正确的选材意味着成功的一半”。运动员选材涉及遗传学、人体生长发育规律、身体素质、心理素质、身体形态结构、内分泌等多方面。根据举重专项特点并在专项素质发展的敏感期进行科学选材，对举重运动员选材涉及的有关因素进行系统研究，是举重教练员科研的重要内容。

（二）举重运动技术、战术的研究

运动技术是教练员科研的重要内容。它包括运动技术的概念、特征、原理、影响因素、技术能力、运动技术的结构与分类、技术训练、技术风格、技术创新、技术发展及其基本规律等方面的研究课题。作为奥运会夺金的重点项目，中国举重队高度重视技战术研究。说起体育科研，女子53公斤级世界冠军的李萍也许最有发言权：“我的脚平时站立时习惯性外翻，挺举时也有这个毛病，是科研教练的录像发现了这个问题。”她所说的“录像”就是举重科研的基本项目——全程录像，这也是举重队的科研教练日常必做的工作之一。科研人员除利用普通、高速、平面和立体摄像等手段，通过定性、定量分析，对运动员的技术动作进行“诊断”外，还要做诸如重心位移、计算机模拟等大量工作。

对举重战术能力、战术训练、战术指导、战术创新和战术发展规律等问题的研究，也是举重教练员科研的重要内容。中国举重队之所以能够扬威世界举坛几十年，很重要的一个方面就是对举重战术的独创性研究。因为战术的正确运用和战术创新，对获得优异成绩起到了重要的作用。

（三）举重运动训练理论与方法的研究

运动训练理论与方法的研究，在现代竞技运动中占有独特的地位。运动训练理论与方法研究的深入，又促进了竞技运动水平的不断提高。在备战北京奥运会中，中国队加强了科研工作的针对性，“向科学训练要成绩”。在举重科研中，创新首先体现在“小周期训练”上。训练学中，“小周期”就是在短时间内进行全面的专项训练，其特点是训练强度大、节奏快。如中国举重队在冬训期间就采用了这种以一个月为周期的“小周期训练”。雅典奥运会后采用“小周期训练”模式的中国队已具备了连续作战的能力，而这种能力在以赛前减体重、消耗体力为特点的举重项目中更是难能可贵。

（四）举重运动员心理诊断与心理训练

“在争取优胜的过程中，人的最大障碍是心理压力”，美国学者格鲁波曾经指出：“对初、中级运动员来说，80%是生物力学因素，20%是心理因素；而对于高级运动员则相反，80%是心理因素，20%是生物力学因素。”因此，运动员心理诊断与心理训练是教练员科学研究的重要方面。

运动员心理诊断包括：运动心理能力的诊断；一般智力水平的诊断；性格特征的诊断；运动员心理状态的诊断；运动队社会心理特点的诊断；运动员个人最佳化与异常心理（心理障碍）的诊断；运动员专项心理能力的诊断等。心理训练包括：放松训练；表象技能训练；积极性思维控制；心理能量控制；自我调节；心理演练；集中注意力训练等。

在运动训练中加强运动员心理学问题的研究，正确地进行心理诊断和心理训练，对提高运动员的心理能力至关重要。

（五）运动员运动伤病防治

运动损伤在举重运动中极为常见，造成原因主要有技术动作不合理，身体素质跟不上技术的要求，有些是长年的训练形成的劳损等。其造成的影响也是极其严重的，它使运动员不能参加正常的训练和比赛，妨碍运动员成绩的提高，缩短运动寿命，严重者还可能引起残疾甚至死亡。因此，运动伤病的预防与治疗尤为重要。

（六）运动员恢复措施与营养

恢复是运动训练不可分割的一部分，恢复与负荷有着同等重要的作用。没有负荷就没有疲劳，也就没有训练；没有恢复，也就没有提高。此外，根据项目特点进行适当的医务监督，也是现代运动训练的任务之一。举重运动还涉及运动员控制体重和减体重的问题。因此，充分利用现有条件，根据举重项目特点，认真研究举重项目的恢复手段，了解举重运动员营养的基本规律和医务监督的基本问题，是举重教练员科研的任务之一。

竞技体育对运动员体力和体能等方面的要求越来越高，缺乏科学指导的训练和没有营养学辅助的单纯的“苦练”已经无法保证运动员在竞赛中取胜，因此，运动员的训练必须适应现代体育科学的发展。营养生化监控恢复系统在疲劳及疲劳恢复程度的判定上有十分重要的实用价值，从而在训练计划的制订和调整、恢复手段科学化上起着至关重要的作用。

膳食营养是保证运动员营养素的需要和维持体能的最重要的物质基础，对训练起着重要的保证作用。运动员就好象一部赛车，车要跑得快，有两个关键因素，即发动机和汽油。运动员的身体素质决定了发动机的最大功率，运动员的膳食营养则相当于汽油，汽油的质量越好，赛车就跑得越快。与膳食营养在竞技体育中重要位置不相适应的是运动员膳食的不平衡现象普遍存在，它将长期和无形地影响训练的效果和训练后的恢复，当然也就影响了运动成绩的提高。

（七）举重竞技运动创新

竞技运动创新包括选材创新、技术创新、战术创新、理论创新、训练方法创新、测试手段与器材设备的创新等。举重竞技运动的创新促进了举重竞技水平的飞跃。

平时训练结束后，运动员依靠冷水浴、热水浴相结合来消除疲劳，用游泳进行放松训练。由心理学、生物力学专家及中医专家组成的科研小组，目前仍然在降体重、心理和训练等多方面帮助教练员、运动员提高训练的科学化水平。

尽管创新对运动水平提高有巨大作用，但随着训练实践的发展，创新难度越来越大。因此，根据项目特点，进一步研究创新的基本理论与实践，促进整个训练体系的最优化和日趋科学化，是教练员科研的重要任务。

二、举重教练员科学研究的课题来源

科学研究是人类对未知领域的探索与开拓。如何在这一广阔领域去搜寻研究课题，发现课题的线索，是每一个教练员应该具备的科研素养之一。体育科学研究课题从根本上来说都来源于体育运动实践的需要，来源于体育科学已知与未知相结合的领域。多年的实践证明，举重教练员科学研究课题的来源主要有以下六个方面。

（一）从科学文献中寻找研究课题

科学文献是科研课题的重要来源之一。首先，科学文献是科学知识的结晶，广泛、及时地阅读体育科学文献能提高教练员搜寻研究课题的能力。其次，及时阅读体育科学文献能使举重教练员掌握举重运动项目发展趋势，发现有研究价值的研究课题。最后，科学文献记载了他人已取得的研究成果，及时阅读科学文献可避免重复研究的出现。

从科学文献中寻找课题，重点应放在以下几个方面：对某一问题的研究已经取得的进展程度；不同学者对同一问题的不同观点和分歧的焦点；研究方法是否恰当，此方法能否用于研究课题；作者由于条件所限未能深入研究的地方；研究结果与结论不相一致的地方；阅读时能引起你好奇心和联想的地方；只有观察结果没有加以分析的地方；作者在研究中存在的不足或错误的地方等。

另外，从科学文献中寻找研究课题，要求教练员具有良好的搜集、阅读科学文献的习惯，并且要善于利用现代科技信息等服务手段和充分运用分类、比较、归纳、演绎、推理等逻辑思维方法。

（二）从举重训练实践工作中发现研究课题

长期工作在教学、训练、管理一线的教练员，在实际工作中经常会遇到一些问题和困难，会获得一些成功的经验或失败的教训，会产生一些突发的想法，所有这些都有可能成为科研课题的来源。在实践工作中经常可能产生一些偶发事件，这也许就是一种机遇，而机遇只会给有心人。所以教练员在平日训练工作中要做个有心人，同时要注意观察、积累、总结，这样才可能发现有价值的研究课题。

（三）从举重运动学术活动中发现研究课题

学术活动是有关专家、学者发表、交流科研成果的主要方式，如论文报告会、专题讲座、专题研讨会等。举重运动学术活动大多反映了举重运动发展趋势，该学术领域研究的重点、热点，取得的最新研究成果，以及在研究过程中遇到的问题及对某一问题不同的观点等，所有这些都可以成为举重教练员寻找和形成科研课题的源头。

（四）从举重运动技战术、规则和场地器材的改变中发现研究课题

运动技术、战术及竞赛规则是体育科学研究特有的领域。随着举重运动的发展，举重运动技术、战术及竞赛规则、场地器材设备等也不断地发生变化，而它们的变化又往往引起训练理论和训练实践的变化，这种变化往往会产生一系列的研究课题。

首先，从举重运动技术、战术、竞赛规则、场地器材的改变中寻找和形成课题，应注意紧密联系举重运动实践，切忌从理论到理论。其次，应对举重运动发展趋势有较为准确的预见。最后，应具有系统的观点与方法，注意从事物的普遍联系中去发现问题。

（五）从现代科学与举重运动的发展趋势中发现研究课题

现代科学的发展呈现出一种全科学趋势，各门学科之间的联系日见紧密，一门学科的重大突破，一门新学科的产生，往往会导致一系列相关学科发展和变化，从中必然会产生新的研究课题。如有人运用“突变理论”对体育运动中的突发事件进行研究。又如“全息论”的提出，就有人把它引入到对体育现象的研究中。

从现代科学与举重运动的发展趋势中寻找课题，对体育科研工作者和举重教练员提出了更高的要求，要求他们不断地学习，始终站在科学发展的前沿，克服本运动项目研究的局限，适应学科间的相互渗透、交叉的发展趋势，从多种不同角度对举重运动领域的科学知识、理论与方法进行辩证的综合、判断与分析、研究。

（六）从社会与体育的改革与发展趋势中寻找研究课题

人类社会始终在向前发展，体育这一社会现象，也必然随着人类社会的发展而发展。发展是新事物对旧事物的突破与否定，这种突破与否定就意味着新的研究课题的产生。特别是当社会发生重大变革时，会产生大量的软科学研究课题。例如，随着我国改革开发的不断深化，社会的政治、经济、文化等各方面都发生了巨大变化，在经济的高速发展下如何开展大众体育；体育作为第三产业如何进行运转；如何提高自身的经济活力；如何处理社会效益与经济效益的关系；竞技体育管理体制的改革等。所有这些都有待于研究。

从社会、体育尤其是举重运动项目的发展趋势中发现和寻找科研课题，要求举重教练员对体育尤其是举重运动项目的发展有较全面的了解，对社会的变革具有高度的敏感，能透过现象看本质，善于抓住主要矛盾。

三、教练员的体育科研方法

所谓体育科研方法，主要是指人们在研究体育运动发展规律的过程中，所运用的方式、途径、手段等的统称。方法问题是科研工作的一个事关科研工作成效的重要问题，方法正确，事半功倍；方法错误，事倍功半。在体育科研方法方面，当前所运用的主要研究方法有以下四种。

（一）理论思维的方法

理论思维的方法主要指逻辑法，这是获得科学理论的重要方法。任何理论研究都离不开比较、分类、类比、归纳、演绎、分析、综合、证明和反驳等理论思维的逻辑方法。在运动训练的研究中，搜集资料，分析或实验验证，以及提出新理论，都要运用纵向比较、横向比较、理论与事实比较等研究方法；对运动技术的完整研究就要运用分析与综合法；而对有关理论的提炼和使经验认识上升到理论感应，则需要运用类比、归纳与演绎法。

（二）经验认识的方法

观察法、实验法、调查法等，属于科学研究中的经验认识方法。由于运动训练涉及多学科的基本理论和知识，因此要运用经验认识的方法。例如，对运动员的选材，运动员行为的研究，比赛和训练过程中技术、战术动作的研究，运动员心理诊断和心理训练的研究，必须运用观察法；对各种训练方法的比较研究，必须运用实验法；要对已经发生的事情进行了解，获得有关信息收集研究资料，或是对未来进行预测，或者是研究对象不可能直接被观察，就得要采用调查法。观察法、实验法和调查法是教练员在科学研究中应用非常普遍的方法。

（三）移植法

移植法是指将一个领域中已经发现的基本原理和新技术，以及行之有效的研究方法，移植到其他领域中去，为解决其他领域存在的疑难问题提供启发和帮助，促使科学研究和运动训练得到新的进展和突破。移植法包括纵向移植法、横向移植法、综合移植法、理论性移植法、经验性移植法等。

移植法在竞技运动中的应用非常普遍。篮球、足球的晃动过人动作移植到排球上出现了错位进攻；铁饼的投掷方法移植到铅球上，出现了旋转式推铅球技术；体操、技巧、跳水等应用移植法的前景更为广阔，如自由操中的许多动作都可以移植到单杠、双杠、跳马、吊环和平衡木上；男子单杠的一些动作可以移植到女子高低杠上；鞍马上的“托马斯全旋”可以移植到自由体操、双杠上。

移植法包括本项内的，也包括外项的；有整体的，也有局部的。移植的范围不仅仅在技术动作上，在战术上、理论上、训练方法等方面也有巨大潜力。如篮球的掩护战术可以移植到手球、足球上。移植法是教练员科学研究的重要方法。

（四）模拟法

模拟法也称模型法、模式法。是指在运动训练研究过程中，有时受条件限制，不能对某些问题直接研究，而预先设计与研究条件相似的模型，再通过对模型的研究，从而找出其一般规律的方法。模拟法包括直接模仿和仿制方法、技术模拟、物理模拟、数学模拟、环境模拟、对象模拟等方法。

模拟法在运动训练中的应用极为普遍，如排球、乒乓球、柔道及其他对抗性项目中的对练、男帮女训练法，乒乓球中的多球训练法等，就属于对象模拟法。中国跳水队在 1992 年奥运会上一举包揽 3 枚金牌，这与徐益明等教练员重视模拟训练很有关系。为了适应巴塞罗那的气候环境，中国跳水队提前半年就到了与巴塞罗那比赛环境比较相似的海南岛三亚市露天跳水训练馆进行环境模拟训练，从而在奥运会的比赛中得心应手，充分发挥了竞技水平。

运用模拟法的重要条件是首先要建立一个最佳“模型”，这就要求把观察、实验、逻辑以及数学、系统方法结合起来，才能创造出最佳“模型“系数，从而得出研究对象的一般规律。

体育科学研究除了主要采用上述论及的理论思维的方法、经验认识的方法、移植法、模拟法外，其他一些研究方法，如文献资料法、数学方法、具体的运动学科的研究方法和一些技术性手段的应用，也是比较普遍的。总之，体育科学研究采用单一研究方法，是难以取得成果的。广泛利用多种研究方法，是体育科学研究的重要发展方向。

学习思考题

1. 结合自身体验，谈谈对举重教练员进行体育科学研究必要性的认识。
2. 结合自己举重运动训练实践，谈谈作为举重教练员体育科学研究的主要内容有哪些？
3. 简述体育科学研究的主要方法。

参考文献

[1] 杨世勇．体育院校通用教材　举重运动教程［M］. 北京：人民体育出版社，2014.
[2] 杨世勇．体育科研方法概论［M］. 北京：人民体育出版社，2006.
[3] 郑金洲．教师如何做科研［M］. 上海：华东师范大学出版社，2015.
[4] 周西宽，吴亚初，杨世勇．教练员学［M］. 成都：四川教育出版社，1993.

第五章 生物力学在举重训练中的应用

内容提要

本章对骨、关节、肌肉的生物力学特征和运动对骨、关节、肌肉的力学性能的影响进行分析；对抓举、挺举生物力学特征进行阐述。

学习目标

了解骨、肌肉生物力学基本概念；掌握抓挺举生物力学分析。

第一节　骨的生物力学

人体共有206块骨，其功能是对人体起支持、运动和保护的作用。骨的外部形态和内部结构不论是从解剖学还是生物力学的角度来看，都是十分复杂的。这种复杂性是由骨的功能适应性所决定的。骨的功能适应性，是指对所担负工作的适应能力。从力学观点来看，骨是理想的等强度优化结构。它不仅在一些不变的外力环境下能表现出承受负荷（力）的优越性，而且在外力条件发生变化时，能通过内部调整，以有利的新的结构形式来适应新的外部环境。

骨是主要人体受力部位之一，骨骼的力学特征主要表现在骨在受力的情况下发生的反应。

一、骨的生物力学特征

（一）骨对外力作用的反应

1. 骨对简单（单纯）外力作用的反应

（1）拉伸：拉伸载荷是自骨的表面向外施加相等而反向的载荷，在骨内部产生拉应力和拉应变，如单杠悬垂时上肢骨的受力。

（2）压缩：压缩载荷为加于骨表面的向内而反向的载荷，在骨内部产生压应力和压应变。如举重举起后上肢和下肢骨的受力。

（3）弯曲：使骨沿其轴线发生弯曲的载荷称为弯曲载荷。在弯曲负荷下，骨骼内不同时产生拉应力（凸侧）和压应力（凹侧）。在最外侧，拉应力和压应力最大，向内逐渐减小，在应力为零的交界处会出现一个不受力作用的“中性轴”。如负重弯举（杠铃）时前臂的受力。

（4）剪切：标准的剪切载荷是一对大小相等，方向相反，作用线相距很近的力的作用，有使骨发生错动（剪切）的趋势，在骨骼内部的剪切面产生剪应力。如人体运动小腿制动时，股骨髁在胫骨平台上的滑动产生剪应力。

（5）扭转：骨骼受到外力偶的作用而受到的载荷，在骨的内部产生剪应力。如掷铁饼出手时支撑腿的受力。

2. 骨对复合（实际）外力作用的反应

在人体运动中，受到纯粹的上述某一种载荷的情况很少见，大量出现的是复合载荷。复合载荷即是同时受到上述两个或两个以上的载荷作用（如行走和小跑时成人胫骨前内侧面的应力）。

（二）骨结构的生物力学特征

骨的结构被广泛认为是通过进化过程得到了最优化的设计：即在特定的载荷环境下得到重量最轻的结构。以下从结构优化的角度分三个方面介绍骨结构的生物力学特征。

1. 各向异性

由骨内部解剖结构易见骨是一种复合材料结构。复合材料结构的特点就是各向异性，即其力学性能具有较强的对成分和结构的依赖性。应该注意的是，同一块骨的不同部分的力学性能是有差别的（如股骨密度和强度的等高线）。

2. 壳形（管形）结构

骨以其合理的截面和外形而成为一个优良的承力结构。

3. 均匀强度分布

骨具有强度大、重量轻的特点。如果引入比强度（极限或最高强度除以比重）和比刚度（弹性模量除以比重）的概念，则可以见到骨的比强度接近于工程上常用的低碳钢，而骨的比刚度可达到低碳钢的三分之一。

二、运动对骨的力学性能的影响

（一）适宜应力对骨的力学性能的良好影响

1. 体育锻炼对骨的力学性能的良好影响

长期坚持体育锻炼，可使骨密质增厚，骨变粗，骨面肌肉附着处突起明显，骨小梁的排列根据拉（张）应力和压应力的方向排列更加整齐而有规律。随着形态结构的变化，骨变得更加粗壮和坚固，抗弯曲、抗压缩和抗扭转载荷的能力都有提高。当体育锻炼停止后，骨所获得的变化就会慢慢消失。因此，体育锻炼应经常化，锻炼的项目要多样化。

2. 不同运动项目对骨的力学性能的影响

大量研究表明，负重和冲击性体育运动项目（如跑、跳、投、田径项目、网球和垒球等球类项目）均有助于增加峰值骨量。研究显示，负重运动（如跑步）可显著增加下肢骨密度，而对非负重的前臂则无影响。网球运动员击球臂骨投射密度增加，用定量 CT 测定后发现，运动训练效果主要是使松质骨结构与密度得以改善与提高，能有效增加骨干横断面或横断面惯量矩（骨壁增厚和骨径的增大）。研究表明，体育锻炼的项目不同，对人体各部分骨的影响也不同。经常从事下肢活动的跑、跳项目的运动员，对下肢骨影响较大，对上肢骨影响较小；而经常练习举重的运动员，对上肢和下肢的影响都较大。又如从事多年训练的跳远运动员，踏跳脚的第二跖骨直径增大；芭蕾舞演员的第二、第三跖骨的骨密质和足球运动员第一跖骨的骨密质都有增厚。拳击运动员桡骨骨密质也明显增厚。

3. 适宜应力原则

骨骼对体育运动的生物力学适应性本质上是骨骼系统对机械力信号（应力）的应变。有利的运动负荷及强度导致的骨应变会诱导骨量增加和骨的结构改善；应变过大则造成骨组织微损伤和出现疲劳性骨折，应变过小或出现废用则导致骨质流失过快。因此对骨存在一个最佳的合适应力范围。

周期性超强度运动训练可能导致骨微细结构的破坏。这些骨的微损伤随时间不断累积（常见于军事野营训练军人和长跑运动员），如得不到改建修复可导致骨强度下降，甚至发生疲劳性骨折。

骨骼的废用（如卧床、肢体固定或失重）对骨的影响也应受到重视。事实上，大量研究已证实骨骼废用使骨密度下降和骨结构受损的速度远比体育锻炼对骨的有益影响快得多，而且恢复时间长且困难。一旦发生由于上述原因造成的骨质快速丢失，如何制订有效的以体育运动为主的康复训练计划仍缺乏研究，这应是今后的重点研究方向之一。

（二）骨的运动损伤及防治

1. 骨折的断裂形式及载荷方式

如果作用于骨骼上的载荷超过骨所能承受的强度极限，就会引起骨折。拉伸载荷引起的骨折常见于跟骨。第 5 跖骨基底靠近腓骨短肌附着处的骨折以及跟腱靠近附着处的跟骨骨折也多是由于拉力产生的骨折。

压缩载荷引起的骨折常见于椎体。有时由于肌肉异常强烈的收缩，也可产生关节内压缩型骨折。纯弯曲载荷造成的骨折不多见，常见的是侧力弯曲载荷，如三点弯曲。从侧面和后面对小腿腓骨击打极易造成这种骨折。

2. 常见运动性骨损伤生物力学分析

疲劳骨折是一种在运动中常见的低应力性骨折。当骨受低重复载荷作用时，常可观察到疲劳细微骨折。疲劳骨折的产生不仅与载荷的大小和循环次数有关，而且还与载荷的频率有关。因为骨具有一定的修复重建功能（功能适应性），所以只有当疲劳断裂过程超过骨重建过程时疲劳骨折才会发生。肌肉疲劳可以看作是下肢疲劳的一个原因。一般持续性的运动/活动先是引起肌肉疲劳。当肌肉疲劳后，肌肉收缩力降低，从而改变了骨的应力分布，使高载荷出现，随着循环次数的增加，可导致疲劳骨折。骨折既可能出现在受拉侧，也可能出现在受压侧，或者两侧都出现。拉力侧骨折产生横向裂缝，且很快扩展为完全骨折；压力侧骨折发生比较缓慢，骨重建过程不太容易被疲劳过程超过，而且可能不扩展为完全骨折。

第二节　关节生物力学

关节是骨生物力学的延伸，关节由骨、软骨、滑膜等相关解剖结构组成。关节的基本功能是传递人体运动的力和保证身体各部分间的灵活运动。

一、关节的生物力学特征

关节主要由关节面及关节软骨、关节囊和关节腔构成，关节腔中充满了起润滑作用的关节液。关节的润滑机制主要与关节软骨和关节液有关。

1. 关节的摩擦系数

关节的摩擦系数采用重力摆法进行测定。与工程上的人工润滑结构相比，其摩擦系数是非常小的，这是人体关节抗摩耐用的重要原因之一。

2. 关节软骨的力学性能

关节软骨的主要功能是：减小关节活动时的阻力（润滑关节），减小关节面负载时的压强（适应关节面），减轻震动（缓冲）。关节软骨是一种多孔的粘弹性材料，其组织间隙中充满着关节液。在受拉伸应力下间隙扩大，液体流入，压缩时液体被挤出。软骨中没有血管，它正是靠这种应力下液体的流动来保证营养的供应。由于软骨的应力影响着软骨内液体的含量，而液体的含量又影响着软骨的力学性能，这使得对其研究与分析十分复杂。

（1）渗透性

实验表明，在恒定的外力下，软骨变形，关节液和水分子溶质从软骨的小孔流出，由形变引起的压力梯度就是引起关节液渗出的驱动力。随着液体的流出，小孔的孔径越压越小。因此，关节液的流出量在受力初期大于受力末期，形变也是初期大于末期。关节软骨依靠这样一种力学反馈机制来调节关节液的进出。正常的关节软骨的渗透性较小（与海绵相比）。在病理条件下关节软骨的渗透性增大，会出现关节积水、疼痛等与关节软骨力学性能变化有关的症状。

（2）黏弹性

关节软骨和关节液具有粘弹性（非线性）的特点，其力学性质与温度、压力等外部环境的关系极为密切。粘弹性体相对于弹性体来说具有如下三个特征。

①应力松弛：当物体突然发生应变时，若应变保持一定，则相应的应力会随时间的增加而下降。这种现象称为应力松弛。

②蠕变：当物体突然产生应力时，若应力保持一定，则相应的应变会随时间的增加而增大。这种现象称为蠕变。

③滞后：在加载载荷和卸载过程中，应力应变关系不相同，即受力和恢复的状态不同。这种现象称为滞后。

3. 时间—形变关系

关节软骨和关节液作为一种黏弹性体，对外部载荷作用的快慢十分敏感，即其形变与外力的作用速度有关。例如，关节软骨的形变是由于液体的流出，关节软骨受到的挤压速度越快，液体流出小孔的阻力也就越大，关节液就越不容易流出；而速度越慢，关节液越容易流出。测量结果表明，当外力作用的时间在 1/100 秒左右时，关节液是同时具有流动性和弹性的粘弹性体，像橡皮垫一样，缓冲关节面之间的碰撞；当作用时间大于1/100秒时，关节液像润滑液一样，使关节灵活运动。如果外力作用的时间很短，如达到1/1000秒左右时，关节液不再表现为液体或弹性体，而是呈现出“固体”的特点，对碰撞时的冲力不再起缓冲的作用。打球时手指的挫伤往往就是这样造成的。

4. 关节润滑机制

前面提到，人体的关节是是一个集自如的快速和慢速运动，承受高载荷和低载荷于一体的既灵活又稳固的结构。关于关节的润滑目前尚无普遍接受的统一机制。在一定情况下根据关节负荷或运动的需要由下列一种或多种机制起作用。

（1）界面润滑

界面润滑是依靠吸附于关节面表面的关节液（润滑液）分子形成的界面层来作润滑。在关节面承受小负荷，作速度较低相对运动时，起到降低剪切应力的作用。

（2）压渗润滑

当关节在高负荷条件下快速运动时，关节软骨内的液体被挤压渗出到临近接触点/面周围的关节间隙。此时关节面软骨表面之间的液膜由压渗出的组织液和原有的滑液组成。液体由接触面从运动方向的前缘挤出，在接触面的后缘由渗透压把压渗出的滑液再吸收回软骨内。这种机制能够有效地保存关节液及其位置，对抗外力，所以也称为流体动力润滑。

二、运动对关节力学性能的影响

适宜的体育锻炼对提高关节负载能力和减小摩擦阻力有影响。研究证明，系统的体育锻炼可以使骨关节面骨密质增厚，从而能承受更大的负荷，并增强关节的稳固性。动物实验证明，长期运动可以使关节面软骨增厚。这种关节面软骨的增厚被认为是由于软骨基质和细胞吸收液体的结果。与此相应，有报道，通过一年的大强度的体育活动可以使关节滑液量成倍增加，有助于减少关节运动时的摩擦力。

此外，体育活动还可以使一些辅助结构如关节肌腱、韧带增粗，肌肉力量增强，在骨附着处的直径增加，提高关节的稳定性和动作力矩。

第三节　肌肉生物力学

肌肉力学是生物力学里最吸引人的一个领域。这是因为肌肉（骨骼肌）是人体运动系统的动力器官。肌肉不但可以被动地承受载荷，而且具有自主收缩的能力，可以能动地将化学能转化为机械能而作功。在肌肉生物力学领域里，Hill（1938）的开拓性工作，建立了关于肌肉收缩的宏观唯象理论，奠定了生物力学的基础。

20 世纪 50 年代，Huxley 提出了关于肌肉收缩机制的肌丝滑移学说，从肌细胞的微细结构出发，开辟了一条新的道路。目前，肌肉生物力学面对的要求是，不仅要适应所有应用力学先进的理论和技术，还要不断丰富和挑战力学已存在的分支和新领域。本节以 Hill 模型为基础，讨论骨骼肌的生物力学特性，下面部分将从骨骼肌力学特征进行特征的阐述。

一、骨骼肌的力学特性

（一）Hill 方程

20 世纪 30 年代，Hill 的经典性的工作奠定了骨骼肌力学的基础。他取青蛙的缝匠肌为试样，两端夹紧，保持长度为 L_0，以足够高的频率和电压加电刺激，使挛缩产生张力 T_0，然后将肌肉的一端松开，使其张力降为 T（$T<T_0$），则肌肉纤维以速度 v 缩短。Hill 不仅测定 T、v 与 T 的关系，还测定了肌肉缩短时产生的热量，以及维持挛缩状态所需的热量。Hill 方程：$(a+T)(v+b)=b(T_0+a)$。

Hill 方程表明：在挛缩状态下，单位时间内从化学反应获得的机械能是常量。从力学观点来看，Hili 方程描述了骨骼肌收缩时的力—速度关系。显然，张力越大，缩短速率越小。

（二）肌肉力学模型

自从 1938 年 Hill 提出关于骨骼肌收缩的双元素功能模型以来，数十年间有了一些变化。这些变化大体是在双元素的基础上再加一点东西（如把串联弹性元改为粘弹性元素，再增加一些元素，改变各元素之间的组合方式等），以期把新的实验发现概括进去。然而，这也造成了一些混乱。为了澄清这些混乱，冯元祯（1970 年）从肌肉收缩的纤维滑移理论出发，以单一的肌纤维节为对象，重新论证，建立了三元素模型，当然，这隐含了一个假设：所有的肌纤维节都是一样的。该模型由三个元素串、并联组成。

①收缩元：代表可以相对滑动的肌浆球蛋白和肌动蛋白纤维丝，其张力与它们之间的横桥数目有关。松弛状态下，张力为零。

②串联弹性元：它表示肌浆球蛋白纤维、肌动蛋白纤维、横桥、z 线及结缔组织的固有弹性，设它是完全弹性体。

③并联弹性元：它表示静息状态下肌肉的力学性质。如何确定各个元素的特性呢？并联弹性元的应力—应变关系可由静息肌肉的本构方程给出。关键是怎样确定收缩元与串联弹性元的性质。肌动蛋白和肌浆球蛋白纤维的几何变化，如下公式中所示：M 是肌浆蛋白纤维长度，C 是肌动蛋白纤维长度，Δ 是二者搭接部分的长度，H、I 分别表示 H 带和 I 带的宽度，L 是肌纤维节总长度，（L_0 为静息状态下肌纤维节的长度），η 则为串联弹性元的伸长量，则：$\Delta=M-H=2C-I$。

无弹性变形时：

$L=M+I=M+2C-\Delta$

若有弹性变形，则：

$L=M+I+\eta=M+2C-\Delta+\eta$

Hill 模型一直主导着肌肉力学的研究。人们不断做改进，以概括更多的新的实验结果。例如，将串联、并联弹性元素改为粘弹性元素；在描述收缩元的 Hill 方程中引进时间因素等。这样所得的本构方程逐渐变得很复杂，也逐渐显出 Hill 的三元素模型的根本弱点：各元素间力和应变的分配是任意的，通过实验确定的各元素的性质依赖于所取的模型，即依赖于一些相当任意的假设。因而，实验所得参数不是肌肉的固有性质，仅仅是肌肉性质在某种模型中的反映，而这种模型，并不是唯一确定的。然而尽管如此，几十年来的实践表明，对于骨骼肌的性质来说，Hill 方程和 Hill 模型仍然是一种良好的近似。而且到目前为止，这也是唯一可操作的模型。从实际应用的需要来看，对于骨骼肌来说，当务之急不在于新的、更完善的理论的探索和更完备的本构关系的寻求，而在于肌肉（肌群）力的载体无创监测方法的研究，这无论对于骨和关节的受力分析、骨折的治疗的方法选择和参数优化，以及运动生物力学等都有重大的实用意义。在这方面，Hill 模型理论有可能发挥其独特的作用。

二、运动对肌肉力学性能的影响

肌肉力量训练是被广泛采用的改变肌肉力学性能的方法。人体内的肌肉是均衡配布的，如环节的运动有主动肌就有对抗肌，有前群肌就有后群肌，有内收肌就有外展肌。由于肌肉力量的这种相互制衡性，对特定的运动动作往往表现出力量不足。力量训练可由增大主动肌力和减小对抗肌力两种途径进行。训练方式主要为抗阻力练习，训练的结果是肌肉体积的明显增大。一般认为，肌肉体积增大是肌纤维增粗的结果。

对肌肉性能的生物力学评价的常用指标有肌肉功率、肌力变化梯度和肌力矩等。

1. 肌肉功率

研究表明，影响肌肉功率的因素有性别、运动项目等。

2. 肌肉力量变化梯度

在很多体育运动中往往要求运动员在极短时间内发挥出最大力量，一般称爆发用力。这种极短时间内肌力的变化可以用力的梯度加以度量。其数学表达式是力对时间的一阶导数 $\mathrm{d}F/\mathrm{d}t$。在量值上表征力的梯度，常用下列两个指标中的一个表示：第一达到$\frac{1}{2}$最大力所需的时间$\left(\frac{1}{2}t_{max}\right)$，称为力的时间梯度。这种叫法简单方便，但不够精确。

力的最大值与所需时间的比值 F_{max}/t_{max}，这个指标叫力的速度梯度。达到最大力值所需的时间（$t_{F max}$）约为 300~400 毫秒。在许多运动中力的发挥时间要比此时间短得多。例如，优秀短跑运动员蹬地持续时间少于 100 毫秒，跳远蹬地时间少于 180 毫秒，跳高少于 250 毫秒，掷标枪的最后用力约为 150 毫秒等。在这种情况下，运动员往往来不及发挥出最大力，因此运动员用力的效果很大程度上依赖于力的梯度。

3. 等速肌力矩

等速或等动运动（Isokinetic training），是利用专门设备，根据运动过程的肌力大小变化，相应调节外加阻力，使整个关节运动依预先设定速度运动。等速运动与等长、等张运动相比，其显著特点是运动速度相对稳定，在整个运动过程中所产生的阻力与作用的肌力成正比，即肌肉在运动全过程中的任何一点都能产生最大的力量。等速运动的应用体现在肌力矩的测评和肌力训练两个方面。

（1）肌肉力量测评

等速运动测试可以提供不同运动速度、不同关节活动范围条件下给定关节周围拮抗肌群的肌肉峰力矩、爆发力、耐力、功率等数据。研究表明，膝关节屈/伸比值一般在慢速测试时（60°/sec）为 60%~69%，中速测试（180°/sec）时为 70%~79%，快速测试时（300°/sec）为 80%~95%。有人认为，屈/伸比值是膝关节稳定的一个重要指标，该值偏高或偏低在运动中易使弱肌损伤，并导致膝关节内部结构的损伤；通过相应训练，可使该值趋向正常，从而预防损伤的发生，提高运动能力。同时，正常情况下双下肢同名肌力矩相差值一般在 10 %~15%以内，并且在不同测试速度下变化不大。如果该值超过 20%，弱侧就容易受伤。

（2）肌肉力量训练

采用不同的等速肌力训练方法。如多重速度训练：在不同的预设速度下进行等速肌力训练，以建立不同的肌力，满足运动或日常生活中不同速度的动作需求；耐力训练：采用低限运动量的方式，提高肌肉耐力；限弧训练：利用限定关节运动角度的方式，避开疼痛的部位或加强某一特定角度范围的肌力训练。有报道指出，对运动员伤后出现的肌力减退予以等速训练取得了满意的效果。运动员伤后重返赛场时，患侧肌肉的力矩值如达到健侧的 85%~90%以上，发生再损伤的机会将相应减少。

第四节　抓挺举的生物力学问题

现代竞技举重分为抓举和挺举。在比赛时，运动员先进行抓举比赛后进行挺举比赛，下面就对抓挺举动作的生物力学特征进行简要阐述。

一、抓举动作的生物力学特征

（一）现代抓举技术动作五个阶段

1. 预备阶段

从运动员抓握杠铃挺胸至两腿自然分开准备提铃。

2. 提铃阶段

从杠铃离地开始至伸膝最大时刻（膝关节角最大）结束，即所谓的伸膝提铃动作。膝关节角从伸膝最大时刻开始到引膝最大时刻（膝关节角最小）结束，即引膝提铃动作。

3. 发力阶段

膝关节角从引膝最大时刻开始到杠铃速度达到最大时刻结束，即最大发力阶段。

4. 下蹲支撑阶段

从杠铃速度最大时刻开始到杠铃达到最高点结束。

5. 起立阶段

从下蹲到身体全部站起。

（二）现代抓举技术动作生物力学特征

抓举过程中杠铃中心点运动轨迹应尽可能是垂直直线向上，S 型弧度要小，表现在测力台上水平方向用力最小、效率最高。抓举过程中人体膝关节角度曲线成双峰，而髋关节角度曲线为单峰，提铃过程中主要靠伸膝动作来完成，躯干变化不大，直到引膝动作开始，髋关节才迅速打开，躯干不能过早发力。杠铃重心的运动轨迹出现相对于垂直参考线（离地前通过杠铃重心的竖直线）的适度偏移而成明显的“S”形。理论上讲，这种偏移越少，杠铃运动越靠近垂直参考线，但抓举动作的技术结构决定了杠铃不能沿垂直直线运动，这种特有的、适度的偏移是人与杠铃协调运动的必然结果。

因此，抓举预备姿势各级别之间膝角和躯干角随着级别的增大没有特别明显的变化趋势；髋角随着级别的增大略有减小。伸膝阶段膝角、髋角变化有随级别增大逐渐增大，躯干角却有着随级别增大逐渐减小的趋势。各级别之间在伸膝最大时，膝角、髋角、躯干角差别很小。引膝阶段关节角度变化和级别之间没有什么明显的联系，实践证明，在引膝阶段，膝角变化较小，髋角、躯干角变化较大的，在引膝最大时髋角较大的运动员成绩较好。发力阶段关节角度变化随着级别的增大没有明显趋势。在铃速最大时，同级别的运动员膝角、髋角、躯干角没有太大的区别。除48公斤级外，其他级别的运动员在最大铃速的比较上没有明显区别。在发力阶段膝角、髋角、躯干角变化小，膝角最大和铃速最大的同步性好的运动员成绩越好。

二、挺举动作的生物力学特征

（一）挺举四个阶段划分

挺举各阶段的组成可分为以下四个阶段。

1. 预备姿势

从起立后预备姿势到开始预蹲。

2. 预蹲

从屈膝向下预蹲开始到蹲到最低位置，按用力性质可分为加速预蹲和制动预蹲；上挺发力从膝关节的最大弯曲到膝关节完全伸直。

3. 箭步式下蹲支撑与起立

从膝关节完全伸直到分腿下蹲，两臂在头上将杠铃上举到最大高度支撑杠铃。

4. 收腿至膝关节伸直

将杠铃举到最大高度后，收腿至膝关节伸直。

（二）挺举四个原则

挺举应遵循“近、快、短、协调”四项原则。

第一，在举杠铃过程中，人体重心和杠铃重心的运动轨迹与两脚构成的支撑面中心的垂直应尽量接近，简称“近”。“近”的首要意义是为了获得稳固的支撑和平衡；“近”的第二个意义是最有效的充分发挥人体的最大力量；“近”的第三个意义是省力。

第二，在举杠铃的过程中，杠铃应呈加速运动，在发力阶段杠铃应得到最大速度。只有加快速度，才能获得更大的力量，从而举起更大的杠铃重量。只有加快杠铃的运动速度，杠铃重心才能超越同向运动的身体重心，从而使杠铃到预想的和必须的高度。只有加快杠铃的运动速度，才能赢得杠铃惯性上升瞬间和身体积极向下撑接杠铃的时间。

第三，举杠铃时，在保证最大用力的前提下，应尽量缩短杠铃的行程。

第四，在举重过程中，肌肉用力要协调以产生最大的功效。不同的肌群在不同的动作阶段用力的先后顺序要协调，协同肌与对抗肌的用力要协调，不同肌群的不同用力方式要协调配合。

上述四项技术原则中“快”是关键，“近”是基础，“短”是为了提高“快”的效果，协调配合是完成整个动作的保证。

（三）挺举生物力学特征

在举重时，预备姿势的作用是为预蹲和上挺做好准备。这部分动作的基本要求是使身体与杠铃获得最佳平衡，为充分利用内力和外力创造有力条件。运动员持铃起立后，横杠应放在锁骨和两肩三角肌前部，两肘抬起向两侧自然分开。调整好呼吸、杠铃的位置和两脚间的距离两脚掌平行或稍外展，两脚外侧的距离与臀同宽，收紧腰背，挺胸微收腹，抬头收下颌，保持上体垂直站立，两臂适度放松。为获得最稳定的平衡，应把杠铃重心和身体重心调整至支撑面上最合理的位置，即身体重心的垂线在额状面中通过髋关节的横轴和踝关节中心落在脚跟处。若加上杠铃的重量，身体和杠铃共同重心垂线会向前移，则应以共同重心垂线落在脚掌的中部为上挺的有利位置。肘部位置有两种：一是高肘位，上臂与躯干夹角接近，这种姿势要求上肢各关节柔初性好，其优势在于胸部受的压力较少，有利于呼吸，也便于重心后移，但是开始上挺的力量减少，因肱三头肌过早参与用力而引起肩带后移；二是低肘位，上臂与地面接近垂直，上挺时能充分利用三角肌参与用力，但胸部受压较大。两肘抬高的程度，要根据个人和体重级别特点确定，轻级别运动员肘部抬得高些较有利，上肢各关节柔初性差和重级别运动员，可采用低肘位的方法。但不管采用那种肘部位置，两臂都不能过早用力。上挺发力时主要用力肌群为股四头肌，但股二头肌、半腱肌、腓肠肌等也积极参与用力。上挺的速度与运动员的身高和力量素质有关，身材越高上挺的速度越快，下肢爆发力越强上挺速度越快。

学习思考题

1. 运动对骨的力学性能有哪些影响？
2. 简述关节解剖学特征和生物受力特点。
3. 简述 Hill 方程及等速肌力训练特征。
4. 抓举和挺举的生物力学主要特征各有哪些？

参考文献

[1] 王正枝．我国优秀女子举重运动员抓举技术的运动生物力学分析［D］．首都体育学院，2009.

[2] 朱宪臣．国家举重队优秀男队员抓举技术 2D 生物力学研究［D］．首都体育学院，2008.

[3] 李林．75kg 级优秀女子举重运动员上挺技术的生物力学分析［D］．山东体育学院，2012.

[4] 胡振浩．女子抓举技术的生物力学特征［J］．浙江体育科学，2003，25（4）：20-22.

[5] 刘平．我国优秀男子举重运动员抓举技术结构研究［J］．体育学，2005，25（1）：46-49.

精英培养篇

第六章 举重运动的制胜规律与实践

内容提要

本章主要介绍举重运动的制胜规律，训练节奏的把握，运动员技术与力量指标的最佳比例与协调发展，并用实例进行了说明。

学习目标

掌握举重运动的制胜规律，善于控制训练节奏，掌握举重运动员技术与力量的最佳比例及其训练方法。

第一节　举重运动制胜因素

研究制胜因素，掌握制胜规律，有针对性地提高竞技能力水平，是夺取优胜的重要前提。制胜因素是竞争双方取胜对手的要素。制胜因素之间的本质联系是指各要素之间的相互关系及组合方式。制胜规律是在竞赛规则的限定下，在竞赛中战胜对手、夺取优异成绩所必须遵循的准则。举重运动实践证明，人们对制胜规律的把握先是从制胜因素的分析入手，逐渐深化到对制胜因素的本质练习的认识。

举重是我国优势竞技项目之一，在60多年的发展过程中取得了突出成绩。我国举重界的专家学者在长期实践的过程中，不断探索举重项目的发展规律，进而总结出举重项目的制胜因素。举重运动的制胜因素就是力量、技术及心理素质这三方面的完美结合。

一、突出的最大力量

举重是体能主导类快速力量非周期性动作结构项目，其竞技能力的基本特征是在极短时间内爆发出最大力量。因此，突出的最大力量是夺取优胜的重要因素。

力量是提举杠铃的根本动力，举重过程中，提铃、发力、下蹲支撑与起立、上挺支撑与放下杠铃，都需要有强大的力量做基础。力量分为最大力量、速度力量（即爆发力）及力量耐力。举重竞赛比的是运动员所能举起的最大重量。为了不断提高运动成绩，在比赛中取得优胜，举重运动员必须发展力量，不断提高自身所能举起的最大重量。因此，对于举重运动而言，突出的最大力量是运动员在比赛中取胜的最重要因素。其中，对于下肢、腰背和上肢的最大力量要求最高。

例如，男子105公斤以上级选手总成绩要达到472公斤（抓举212公斤，挺举260公斤）的世界纪录水平，其主要力量指标必须分别相应达到实力推130公斤、后深蹲380公斤、硬拉390公斤。女子75公斤级以上选手总成绩要达到348公斤（抓举155公斤，挺举193公斤）的世界纪录水平，其主要力量指标也必须相应达到实力推95公斤、后深蹲260公斤、硬拉260公斤。

二、完善的技术

我国举重教练员和科研工作者经过长期的总结和探索，将举重技术归纳为近、快、短、稳、协调性等五项技术原则。在这五项技术原则中，近是基础，快是关键，短是重要手段，稳是保障，协调性是优化条件。

实践证明，只有力量而缺乏技术不能构成良好的举重能力。如果说100多年前竞技举重运动处于起步阶段，力量在构成举重能力中起绝对作用的话，那么在当今的现代竞技举重中企图单靠力量举得最重、赢得胜利已变得绝无可能了。今天如果强调举重主要是力量性项目，那么这种力量便应该是与技术密切结合的专项力量。

当今世界的优秀运动员莫不娴熟地掌握了正确及合理的举重技术。而那种单纯靠巨大力量的举重运动员，在当今优胜者的队伍中早已消失不见。例如，20世纪50年代力量极大的美国运动员安德森·保罗（体重150公斤以上），能硬拉1600公斤，后蹲550公斤，肩背负重2840公斤，但因缺乏速度和完善的技术，挺举只达到200公斤左右。而在20世纪90年代末，世界最优秀的70公斤级运动员，虽然基础力量大大小于安德森·保罗，但挺举早已突破200公斤。可见技术在发挥力量、构成举重能力方面起着巨大的作用。

没有力量，技术再好也等于零；没有技术，力量再大也无法发挥。只有突出的最大力量和完美技术的最佳结合，才能为创造优异成绩奠定基础。

三、良好的心理素质

举重项目的特点决定了举重比赛需要运动员具备出类拔萃的良好心理素质，大赛中仅凭力量和技术而心态不稳也不能取得好成绩。举重比赛的试举要在瞬间完成，在数秒内立判成败，负荷极大，动作过程中几乎无法纠正错误。在比赛气氛的压力下，运动员需要集中全部精力，动员最大力量顽强拼搏，同时又需要具有清醒的感觉（重量感、时空感）和自我控制能力才能准确完成动作，获得试举成功。举重比赛所需要的这种强烈的好胜冲动和冷静的控制能力，结合在一起就形成了举重独特的心理素质。

举重是一种挑战自我的运动项目，运动员在举重台上面对沉重的杠铃、强劲的对手以及观众群，有些运动员还必须承受取得好成绩的压力。所以心理素质对于举重运动员而言十分重要。

综上所述，突出的最大力量、良好的技术和心理素质完美地结合，才能构成整体的举重能力。这三种因素又是互相制约、相辅相成的。只有各部分肌肉群具备足够的力量，才能用大重量完成正确的技术动作；只有正确合理的技术，才能充分发挥力量；也只有具备足够的力量和完美的技术才能在比赛时充满信心，保持稳定的心理状态。同样，具备了稳定的心理素质和顽强拼搏的精神，往往能在势均力敌的激烈争夺中充分调动精神力量，征服重量取得胜利。

正确认识构成举重能力的制胜因素，并通过先进有效的手段和措施发展这种能力，就把握了举重项目的制胜规律。遵循制胜规律，发展举重能力，使举起的重量越来越重，正是举重运动不倦追求的目标。

第二节 举重运动训练实践

一、训练节奏的把握

经过 60 多年来的训练实践和总结国内外举重运动的先进经验，中国举重队在训练中遵循“从难、从严、从实战出发，进行科学的大运动量训练”原则；坚持走训练、科研、医学监控一体化的道路；实行“小周期、快节奏、多课次、高强度、针对性、全方位、大运动量系统训练”的训练方法；根据不同的比赛任务，用运动量、负荷强度、训练次数、训练内容等调节训练负荷，掌握训练节奏，培养竞技状态，提高训练水平和比赛成绩。

此外，在运动员基础训练阶段打好技术和专项基础，在专项提高阶段努力提高训练水平，在最佳竞技阶段的比赛中充分展示训练水平，在竞技保持阶段延续最高竞技水平都是夺取优异成绩的重要法宝。

在训练实践中，还应将全年的训练时期按照比赛的次数，将其划分为准备时期（竞技状态形成阶段）、比赛时期（竞技状态保持阶段）和恢复时期（竞技状态衰减阶段），根据各时期的任务具体安排训练，调整和掌握训练节奏。

中国举重队在准备 2008 年奥运会的训练中，男子举重队每周训练 15 次（表 6-1），女子举重队每周训练 15 次（表 6-2），采用一周大运动量，一周小运动量，或两周大运动量，一周小运动量的节奏调整训练负荷，很好地培养了竞技状态，为 2008 年奥运会夺取5枚金牌打下了基础。

表6-1　中国男子举重队周训练计划（2007年11月—2008年4月）

星期	一	二	三	四	五	六	日
早操6：50-7：30	早操		早操		早操		
上午9：10		训练		训练		训练	
下午14：40	训练	训练	训练	训练	训练	训练	
晚上19：30	训练		训练		训练		
休息时间	22：30	22：30	22：30	22：00	22：30	23：00	23：00

表6-2　中国女子举重队周训练计划（2007年11月—2008年4月）

星期	一	二	三	四	五	六	日
早操6：50-7：30		早操				早操	
上午9：10	训练		训练		训练		
下午14：40	训练	训练	训练	训练	训练	训练	素质
晚上19：30		训练		训练		训练	
休息时间	22：00	22：30	22：30	22：00	22：30	22：30	22：00

二、技术与力量指标的最佳比例与协调发展

（一）技术与力量协调发展的意义

举重运动员技术与力量指标的最佳比例与协调发展极为重要，因为仅有力量而缺乏技术，运动员的力量将不能发挥；仅有技术而缺乏力量，运动员也不可能达到高水平。因此，力量和技术必须按比例协调发展。

（二）技术与力量最佳比例公式

举重实践证明，在运动员技术完善的情况下，后深蹲最大力量指标与抓举成绩的比例为：100%（后深蹲最大力量）×0.62=抓举成绩；后深蹲最大力量指标与挺举成绩的比例为：100%（后深蹲最大力量）×0.81=挺举成绩（P. 罗曼，1975）；实力推举与挺举成绩的比例为：100%（实力推最大力量）×2=挺举成绩。因此最大力量水平与举重专项成绩紧密联系。

根据上述比例公式，后深蹲最大力量为200公斤、实力推约为80公斤的运动员，其抓举成绩应为124公斤，挺举为162公斤。

后深蹲最大力量为 250 公斤、实力推接近 100 公斤的运动员，其抓举成绩应为 155 公斤，挺举为 202 公斤。

后深蹲最大力量为 300 公斤、实力推接近 120 公斤的运动员，其抓举成绩应为 186 公斤，挺举为 243 公斤。

后深蹲最大力量为 350 公斤、实力推接近 140 公斤的运动员，其抓举成绩应为 217 公斤，挺举为 283 公斤（备注：在实践中有些运动员力量指标已超过上述水平，但是抓举、挺举成绩往往达不到，说明技术训练存在不足）。

（三）技术与力量比例不当的具体实例

在实践中我们可以发现，很多运动员的力量很大，但举重水平并不是很高。例如，在 1992 年奥运会举重比赛中获得男子 110 公斤以上级第 10 名的美国运动员亨利·马克（体重最重时为 198 公斤）的后深蹲最大力量为 450 公斤，卧推 280 公斤，硬举 440 公斤。如按照上述比例公式，其抓举成绩应为 279 公斤，挺举为 364 公斤，远远高于当时和目前的世界纪录。但亨利·马克在比赛中创造的最佳成绩仅为抓举 185 公斤，挺举 225 公斤，总成绩 410 公斤。造成这种情况的原因主要是技术与力量训练比例不当，技术训练较少且技术存在缺陷，同时该运动员柔韧性较差，技术动作协调性差，肌肉、肌腱、韧带的支撑力和主动肌、对抗肌、中立肌、支持肌的协同用力不足，导致力量很大但不能有效发挥。

（四）技术与力量最佳比例的具体实例

1988—1996 年 3 届男子奥运会冠军，先后 40 余次打破世界纪录的土耳其选手苏莱曼诺尔古是技术与力量最佳比例协调发展的突出代表。据有关资料介绍，他的后深蹲最大力量为 230 公斤，实力推 95 公斤，但其抓举成绩却达到了 152.5 公斤，挺举 190 公斤，令人难以置信。这说明苏莱曼诺尔古技术动作完善，充分发挥了所具有的力量水平。

对于力量大而技术差的运动员，要通过训练计划增大其技术训练的比例，强化其技术训练，使力量水平得到最大限度发挥；对于力量小而技术好的运动员，则要增大力量训练的比例，强化其力量训练，提高力量水平，促进成绩提高。

参加 2008 年第 29 届北京奥运会的中国举重队技术与主要力量指标水平如表 6-3 所示。从此表中我们可以看到，中国举重队员的技术与力量比例比较合理，为创造优异成绩奠定了基础。

表 6-3　2008 年奥运会中国举重队技术与主要力量指标水平

单位：公斤

姓名	性别	级别	体重	抓举	挺举	前蹲	后蹲	宽硬拉	窄硬拉	高抓	高翻	架上挺
陈燮霞	女	48	49.45	100	126	145	170	130	153	87	105	140
陈艳青	女	58	60.3	106	136	160	170	160	170	90	115	
刘春红	女	69	71.45	133	165	200	215	185	205	114	141	155
曹　磊	女	75	75.75	130	155	195	210	160	190	105	125	160
龙清泉	男	56	58.9	132	165	200	210	180	200	115	145	
张湘祥	男	62	65.3	145	180	205	220	195	215	132	160	
廖　辉	男	69	72.9	160	195	240	260	230	260	145	170	
李宏利	男	77	80.1	168	200	250	270	240	260	150	170	
陆　永	男	85	86.3	180	214	251	270	255	275	155	185	

（注：表 6-3 是参加 2008 年奥运会的中国男女举重队员赛前主要专项成绩和力量技术指标水平。引自：杨世勇．体育院校通用教材　举重运动教程［M］．北京：人民体育出版社，2014：192.）

学习思考题

1. 简述举重运动的制胜规律。
2. 简述力量与技术的关系。
3. 怎样把握训练的节奏？
4. 怎样计算运动员技术与力量的协调发展比例？
5. 你指导训练的运动员技术与力量发展水平是否合理？

参考文献

［1］谢亚龙，王汝英．中国优势竞技项目制胜规律［M］．北京：人民体育出版社，1992.

［2］杨世勇．体育院校通用教材　举重运动教程［M］．北京：人民体育出版社，2014.

［3］钱光鉴，杨世勇．举重经典手册［M］．济南：山东电子音像出版社，2008.

［4］郭廷栋．竞技举重运动［M］．北京：人民体育出版社，1990.

［5］沃罗比耶夫．现代训练的某些构想［J］．郭廷栋，译．体育与科学，1981（2）．

［6］全国体育学院教材委员会．体育学院通用教材　举重［M］．北京：人民体育出版社，1991.

［7］杨世勇．提高举重运动员比赛成功率的探索［J］．成都体育学院学报，1999（4）．

第七章
发展运动员最大力量的理论与实践

内容提要

本章主要介绍力量的概念、分类，力量发展的敏感期，决定最大力量发展水平的生理、生化指标，以及最大力量的训练方法。

学习目标

明确力量的概念、分类及力量发展的敏感期，决定最大力量发展水平的生理、生化指标，掌握发展最大力量的要求及其具体训练方法。

第一节　力量素质概述

力量是举重运动员的首要运动素质，是竞技能力的重要决定因素。举重运动员必须充分发展并表现出突出的最大力量，才有可能在比赛中夺取优胜。最大力量对举重运动员其他素质的发展也起着重要的作用，是掌握技术和提高运动成绩的重要基础，是决定运动员力量素质的主要因素。

科学训练不仅能提高最大力量水平，使肌肉粗壮有力、神经系统更灵敏，而且能动员更多的肌纤维参与运动，提高动员利用能量的能力。最大力量训练对运动损伤和长期训练造成的局部劳损也有积极作用。

一、力量的概念与分类

（一）力量的概念

力量是人体运动技能的一种表现形式，是人体或身体某部分肌肉收缩和舒张时克服阻力的能力。肌肉在工作时克服的阻力包括外部阻力和内部阻力。外部阻力如物体重量、摩擦力以及空气的阻力等；内部阻力是指肌肉的黏滞性、各肌肉间的对抗力等。力量由三种因素产生，即主动肌的最大收缩力；主动肌和对抗肌、中立肌、支持肌的协同用力；肌肉的牵拉角度及每个杠杆的阻力臂和力臂的相对长度。

力量来源于肌肉。正常成年男子肌肉重量与体重百分比为43.5%，女子为35%。男子运动员的肌肉更为发达，可占体重的45%，而力量性项目优秀男子运动员肌肉比例可达体重的46%以上。

科学研究已经证明，人体共有630块肌肉，这些肌肉由1300万~3000万根肌纤维组成，每根肌纤维可产生100~200毫克的力量，假设把全身630块肌肉的肌纤维束成一捆并沿着同一方向用力，那么可产生20~30吨力量。当然，人的肌肉是无法同时向同一方向收缩做功的。男子最大力量可达到以下几个指标：抓举216公斤，挺举266公斤，深蹲570公斤，肩背负重2840公斤。女子抓举155公斤，挺举193公斤。20世纪初，比利时姑娘桑德维娜（马戏团演员）能将重达600公斤的加农炮从卡车上扛下来。更有甚者，澳大利亚的大卫·希尼于1994年3月9日在悉尼机场徒手拉动一架重达115吨的波音767飞机，并且拖行了61.18米，可谓力大惊人。

（二）力量的分类

根据肌肉收缩的形式，可以将力量划分为静力性力量和动力性力量；根据力量与体重的关系，可以分为绝对力量和相对力量；根据力量表现的形式又可以分为最大力量、速度力量和力量耐力（图7-1）。

力量的分类
- 按肌肉收缩形式划分
  - 静力性力量
  - 动力性力量
- 按力量与体重的关系划分
  - 绝对力量
  - 相对力量
- 按力量表现形式划分
  - 最大力量
  - 速度力量
  - 力量耐力

图7-1　力量的分类

1. 静力性力量

是指肌肉收缩时产生的力量，可以完成某些静止不动的用力动作，或在整个动作中肢体不产生明显位移的力量，又叫等长力量。如直角支撑、平衡动作等所表现出来的力量就属于静力性力量。

2. 动力性力量

是指肌肉收缩或拉长时，使身体或身体某一部分产生位移或推动别的物体产生运动的力量，又叫等张力量。

动力性力量实际上又包括绝对力量、相对力量、最大力量、速度力量和力量耐力等。为阐述方便，特分别论述。

（1）绝对力量

绝对力量是指不考虑运动员的体重因素，人体或人体某部分用最大力量所能克服最大阻力的能力。对从事系统训练的举重运动员来说，绝对力量的提高与体重的增加可同步进行。绝对力量的发展水平对举重成绩起决定性作用。

（2）相对力量

每千克体重所表现出来的力量称相对力量，它主要反映运动员的绝对力量与体重之间的关系。衡量指标采用力量体重指数，即用每千克体重的力量来表示：

$$\text{相对力量}=\frac{\text{绝对力量}}{\text{本人体重（kg）}}$$

如果绝对力量不变或变化很小，但体重增加，那么相对力量就会变小，这对于相对力量起较大作用的小级别和中级别举重运动员是不利的。表 7-1 是 56、69、85 和 105 公斤以上级举重世界纪录创造者的相对力量比较。

表 7-1 四个级别挺举世界纪录创造者相对力量比较

序号	体重级别（公斤级）	创造者	世界纪录（公斤）	相对力量水平
1	56	欧云哲（朝鲜）	171	3. 10
2	69	廖辉（中国）	198	2. 88
3	85	张勇（中国）	218	2. 56
4	105 以上	雷扎扎德（伊朗）	263	2. 50

（3）最大力量

最大力量是指运动员以最大肌肉力量强力收缩，对抗一种刚好能够克服的阻力时所发挥的最高力值。力值主要取决于肌肉横断面和肌纤维的分配及最强意志紧张的能力，即尽可能多地及时动员肌肉的众多运动单位参加用力的能力。同时，最大力量的力值还随工作肌群的关节角度而变化。最大力量不是固定不变的，而是经常处在动态变化中，这就要求不断发掘自身能力的极限。最大力量指标可以通过运动员一次所能举起的最大重量来表示。

（4）速度力量

速度力量也叫快速力量，指运动员在特定的负荷条件下所表现出来的最大动作速度。这种动作速度一般是指在最短时间内（通常在 150 毫秒左右）发挥肌肉力量的能力。所以，速度力量的训练实际上是“动作速度”的训练。

（5）力量耐力

力量耐力是指运动员在克服一定外部阻力时，能坚持尽可能长的时间或重复尽可能多的次数的能力。

根据不同的分类原则和标准，尽管力量可以分为上述类型，但在举重运动训练中最有意义的动力性力量主要是最大力量。因此，动力性力量的训练实际上主要指最大力量的训练。

二、力量发展的敏感期

（一）力量发展敏感期的概念

力量发展的敏感期，是指力量素质在儿童少年有机体自然生长发育的基础上，在某些特定的年龄阶段发展较快，呈现出发展的最佳时期。力量发展的敏感期是选材的重要依据。举重训练必须及时利用这一时期，充分发展专项需要的最大力量，为创造优异成绩奠定坚实基础。

少儿力量素质发展的敏感期是：女子 11~15 岁，男子 12~16 岁。其主要依据是：第一，在少儿自然生长发育的过程中，从 12 岁起肌肉总量急剧增加。例如，女子肌肉质量增加得特别急剧的时期是 11~13 岁；男子是 12~14 岁。到 14~15 岁时，其肌肉特性与成年人的差异已经缩小。少儿时期主要年龄阶段肌肉重量与体重百分比分别是：出生时为 16.6%，3 岁时为 21%，6 岁时为 21.7%，8 岁时为 27%，12 岁时为 29%，15 岁时接近 33.3%。成年男子为 43.5%，女子为 35%。第二，“肌纤维纵向劈裂学说”也为此提供了依据。学者们研究发现，成年动物（包括人）的肌肉细胞已丧失了合成脱氧核糖核酸及再分裂的能力，而年轻动物则保持着这种能力。后者肌肉发达时，肌肉单元数和毛细血管数都有所增加，肌纤维密度明显增大，这是力量训练使肌纤维产生“纵向劈裂”引起的。

（二）绝对力量

女子绝对力量的增长可分为以下 4 个阶段：10~13 岁，力量增长很快（特别是屈肌），绝对力量可提高 46%；13~15 岁，增长速度下降，只增长 8%；15~16 岁，增长 14%；16~21 岁，增长 6%。

男子绝对力量增快的年龄是性成熟期（12~16 岁），平均增长 57.5%；17~20 岁增长速度下降，为 36.6%；21~22 岁只增加 9.6%；25 岁左右达到成人所能表现的最大力量。

（三）相对力量

男、女相对力量的增长较平缓，如从 12~14 岁，每年只增长 2%~3%。造成这种现象的主要原因是体重增长较快，在身高增长的最快时期肌肉横断面积增加较少，在身高增长速度减慢时肌肉的增加又相应使体重增加。

（四）速度力量

7~14 岁阶段，速度力量增长很快，14 岁后男子仍以较快速度增长，而女子增长幅度相对较小。到 16~17 岁增长速度开始缓慢下来，这种现象与男、女进入青春成熟期时内分泌腺开始急剧分泌有关。

（五）力量耐力

女子在 7~13 岁前直线上升，13 岁以后开始缓慢发展，14 岁以后甚至出现下降现象，这是因为性成熟期的到来使力量耐力受到较为严重的影响。男子 7~17 岁，力量耐力基本上表现出直线上升趋势。

三、决定最大力量发展水平的生理、生化指标

（一）神经冲动的强度与频率

相关研究表明，进行大强度力量训练时，中枢神经系统传出神经冲动的次数，可以由休息状态下的每秒 5~6 次，上升到举起最大重量时的每秒 50 次。另一项研究也证明：肌肉收缩的最佳效果，不是由于肌肉，而是由于这种神经冲动的合理频率的提高，促使运动员情绪高涨（即兴奋性提高），从而引起调动肌肉工作能力的较多的肾上腺素、去甲肾上腺素、乙酰胆碱及其他生理活性物质的释放，使力量增大。因此，中枢神经系统的机能状态可以直接影响肌肉力量，并对力量素质的发挥和发展起着头等重要的作用。如果中枢神经系统传出的神经冲动强度大、频率高，则肌肉所产生的力量就大。

（二）血睾酮水平与血皮质醇水平

血睾酮水平与力量素质有直接关系。血睾酮水平高，有利于提高血液蛋白合成及肌肉蛋白合成从而提高肌肉力量。研究证明，一般男子正常睾酮水平在 20.97 纳摩尔/升左右，优秀举重运动员均在 27.97 纳摩尔/升以上，甚至超过 34.97 纳摩尔/升。如奥运会冠军曾国强为 35.66 纳摩尔/升，9 次打破世界纪录的何灼强血睾酮竟为 55.24 纳摩尔/升。胡贤豪等人（1994）的研究也证明，女子举重运动员的血睾酮为 2.05 纳摩尔/升，明显高于一般女性 1.43 纳摩尔/升。此外，相关研究还表明，举重运动员的血皮质醇水平也较高：安静休息状态为 545 纳摩尔/升（$n=23$），比其他项目运动员平均值高 471 纳摩尔/升（$n=104$），比正常人（276±66）纳摩尔/升（$n=12$）高出 1 倍。

这说明血皮质醇水平与力量素质也有重要关系。

（三）肌肉的形态组织结构

1. 肌纤维类型

肌肉力量的大小取决于不同类型肌纤维的百分比。肌纤维类型分为红肌纤维（慢肌纤维）、白肌纤维（快肌纤维）、中间型肌纤维。快肌纤维的无氧代谢能力比慢肌纤维大得多，因为快肌纤维中 ATP－CP 酶的活性比慢肌纤维大 3 倍，比酵解酶活性大 2 倍。快肌的纤维粗，收缩速度快，达到最大张力的时间只需慢肌纤维的三分之一，其收缩的力量也要比慢肌纤维大得多，所以，快肌纤维最适于举重运动。力量素质主要由快肌纤维决定，快肌纤维百分比越高，力量则越大。

2. 肌肉的生理横截面

绝对肌力的大小取决于肌肉的生理横截面。肌肉的生理横截面为该肌肉所有肌纤维横截面的总和。每根肌纤维的横截面增粗，则肌肉的生理横截面也相应增粗，收缩力量就随之增大。国内外有关学者的大量实验研究证明，力量训练后肌肉体积增大取决于下列因素：①每根肌纤维中的肌原纤维数量增加。②肌纤维中毛细血管的密度增加。③肌肉中蛋白含量增加。④肌纤维数量增加。所有以上变化的结果，都使肌肉生理横截面积普遍增大，肌肉横截面每增加 1 平方厘米，可提高力量 6~12 公斤。

3. 肌纤维的数量

肌纤维数量多，则收缩力量大。关于肌纤维的数量，目前有两种观点：一种认为，人出生后 4~5 个月肌纤维的数量就已确定；另一种认为，训练后肌肉肥大，除肌纤维增粗外，还由于肌纤维的纵向分裂作用造成肌纤维数量的增加。

4. 肌纤维的长度

美国人达登的研究证明，一个人最大力量的大小，取决于肌肉的体积。肌肉体积的发展潜力，又主要决定于肌肉长度。肌肉的长度是遗传的，不受后天训练的影响。

（四）肌肉的反应特性

1. 肌肉的内协调能力

发展最大力量主要靠改进神经系统中的协调关系，并由此保证肌肉内部协调性的改进。肌肉内协调能力的好坏决定能否动员更多的运动单位参加工作。协调性的改善是由于神经过程在空间和时间上的集中。通过改进肌肉与肌肉间的协调性来发展最大力量，与肌肉体积的增大无关。

2. 肌肉对于神经冲动的反应力

通常训练刺激引起肌肉的反应只有肌肉潜力的30%左右。因此，采用相同的方法或相同的负荷进行训练，只能使得部分肌肉适应训练。为了使肌肉提高适应程度或达到最高适应程度，则须采用更大强度的刺激，因为力量只是在较大肌紧张的情况下才得以发挥的，只有最大刺激才能产生最大效果。可见，系统训练的要求就是逐步提高神经冲动的同步效应，以及对抗肌配合主动肌完成大强度活动的能力，从而使力量得到提高。

3. 营养系统供能状况

肌肉工作时营养的供应直接影响到最大力量的发挥。最大力量首先与肌肉中储备的能量物质有关。单纯由分解肌肉中储备的ATP和CP取得能量，只能维持肌肉活动8秒钟，举重项目就是这种供能方式。在肌肉发挥力量的工作过程中，有机体经过肾上腺交感神经系统来实现中枢神经系统的营养影响。在较长时间的工作过程中，营养系统的工作还依赖于有氧代谢能力。有氧代谢能力强，才能及时排除肌肉工作时产生的代谢产物，使肌肉更好地工作。

（五）发挥肌肉潜力的能力与技术

肌肉潜力是指所有参加运动的肌肉所产生的力量总和。相关研究认为，运动员所能举起的重量应比目前的举重成绩高2.5~3倍。也就是说，根据这一推测，105公斤以上级举重运动员应能举起800公斤的重量（当然远远高于目前的世界纪录）。发挥肌肉潜力的能力，是运动员同时动员众多肌纤维（包括肌肉中心部位及四周部位肌纤维）参与工作的能力。训练有素的运动员具有充分发挥肌肉潜力的能力，可发挥出更大的肌肉力量。

假设肌肉具有举起100公斤的潜力，但由于生理上的限制，也只能举起潜力的30%的重量，即30公斤。因此，从理论上看，具有800公斤潜力的举重运动员，实际上只能举起240公斤的重量。如果利用技术作为媒介，通过一定的专项训练，提高发挥肌肉潜力的能力，运动员的成绩则有可能提高到最大潜力的60%~80%。也就是说，105公斤以上级举重运动员应能举起640公斤的重量，实现这一目标的可能性，取决于能否使尽可能多的肌纤维同时参加运动的能力。

（六）最大力量与肌肉收缩形式的关系

同时运用多种肌肉收缩方式进行练习，可有效提高发挥肌肉潜力的能力。最佳效果的负荷分配是：克制性练习占75%，退让性练习占15%，静力性练习占10%。从生物学角度看，多种肌肉收缩方式混合训练，提高了刺激作用，从而能收到更快提高最大力量的效果。

此外，年龄变化、骨杠杆的机械效率、海拔高度、紫外线照射、钾钠代谢水平、生物节律、心理因素，以及外界刺激（如温度、气味、声音、光亮等）对肌肉最大力量发挥均有一定的影响。

（七）最大力量发展的敏感期

力量素质发展的敏感期是女子11~15岁，男子12~16岁。25岁左右达到所表现的最大力量。

第二节 最大力量的训练方法

最大力量是指运动员以最大肌肉力量和意志收缩克服阻力时所表现出来的最高力值，它的力值主要取决于肌肉的生理横截面和及时动员尽可能多的肌纤维参加用力的能力，以及最大意志紧张的能力。同时，最大力量的力值还随工作肌的关节角度而变化。最大力量不是固定不变的，而是经常处在动态变化中，这就要求运动员不断发掘自身能力的极限。最大力量指标可以通过运动员一次所能举起的最大重量①来表示。研究发展举重运动员最大力量的训练方法，对最大限度地提高运动员最大力量水平具有重要意义。

一、最大力量训练的要求

（一）掌握正确的呼吸方法

由于憋气有利于固定胸廓，提高腰背肌紧张程度，因而可以提高练习时的力量。最大用力往往要在憋气的情况下才能进行。有人进行背力测定研究发现，憋气时的背力最大，为133公斤；呼气时为129公斤；而在吸气时力量最小，为127公斤。虽然憋气可提高练习时的力量，但用力憋气会引起胸廓内压力提高，使动脉的血液循环受阻，因而导致大脑缺血，甚至会发生休克。为避免产生不良后果，最大力量练习时必须注意以下几点。

第一，当最大用力的时间很短，但有条件不憋气时就不要憋气。尤其在重复做不是用力很大的练习时，应尽量不憋气。

①最大力量与绝对力量的性质有相似之处，这里只是按照现象分类的方法分别阐述。

第二，在完成力量练习前不应做最深的吸气，因为力量练习时间短暂，吸的气并不会立即在练习中产生作用。相反，深度吸气增加了胸廓内的压力，此时再憋气就可能产生不良变化。

第三，由于用狭窄的声门进行呼气，几乎可达到与憋气同样大的力量指标。因此做最大用力时，可采用慢呼气来协助最大用力练习的完成。

（二）系统安排最大力量训练

根据用进废退原理，最大力量训练应全年系统安排。研究表明，力量增长得快，停止训练后消退得也快；如果停止了力量训练，已获得的力量将会按增长速度的三分之一消退。尽管如此，一部分力量仍会保持很久，甚至会永远保持下来。根据优秀运动员的训练经验，每周进行2~3次力量训练，可保持已获得的力量；每周进行4~5次力量训练，力量有望获得增长；每周进行6~8次力量训练，力量可获得显著增长。力量训练不宜在疲劳的状态下进行，否则就不是发展力量，而是发展耐力了。

（三）运用“超负荷训练”以获得超量恢复

优秀举重运动员的最大力量训练是建立在“超负荷训练”的基础之上的。所谓“超负荷训练”，就是指要求肌肉完成超出平时的负荷。“超负荷训练”通常会引起肌肉成分，特别是肌蛋白的分解，也会促成超量恢复的产生。

超量恢复是指人体机能和能量储备由负荷后暂时下降和减少的状态恢复到负荷前水平的过程，在此过程中，能源物质的补偿在一段时间内超过原有的水平。在超量恢复的整个过程中，肌肉成分会重新组合，肌蛋白含量得到提高，从而使肌肉更加粗壮有力。在一定范围内，运动负荷越大，消耗越剧烈，恢复过程就越长，超量恢复也就越明显。正是由于运动训练能引起超量恢复效应，使得运动员竞技能力的提高成为可能并为之奠定了物质基础，所以运动训练中的恢复，并不是满足于回到先前水平的恢复，而是要追求超量恢复。为此，要经常不断地安排“超负荷训练”，以引起超量恢复，达到迅速发展最大力量的目的。

（四）最大力量训练手段和专项动作应力求一致

发展最大力量时要努力做到一般力量训练和专项力量训练相结合。为此，在安排最大力量练习时，必须对练习的技术动作和专项动作结构进行全面深入的分析研究。例如：通过对专项技术的影片分析，了解专项动作结构、关节角度、环节运动的幅度；通过肌电研究了解主要肌群的用力特点、工作方式；通过计算了解采用什么负荷最有利于发展最大专项力量和一般力量。

（五）要针对运动员个人特点进行训练

由于运动员的年龄、训练程度、健康状况、技术和战术风格、训练水平、身体素质等均存在鲜明的个体差异性，因此最大力量训练的安排必须根据运动员的个人特点因人而异，区别对待。另外，青少年时期脊柱正处于生长发育阶段，因此，力量训练必须根据渐进性和适应性原则，进行科学合理的安排，以促进力量水平的迅速提高。

（六）要针对女子生理特点进行训练

女子肌纤维比男子纤细，肌肉重量约占体重的35%，而男子约为43.5%；女子单位面积肌肉为男子的96%，但肌肉绝对力量仅为男子的60%~80%，爆发力约为男子的42%~54%。此外，女子的骨骼也比男子纤细，骨重量为男性的60%左右，骨骼的抗断、抗压和抗弯能力均比男子差。这些特征决定了在力量项目上女运动员徒难与男运动员相比。因此，在力量训练时应当考虑女子的生理特点，制订切实可行的计划，特别注重肩带、上肢、腹部和骨盆等薄弱环节的肌肉力量训练。

（七）要针对少儿发育特点进行训练

在少儿时期，速度力量的发展比绝对力量发展快一些并早一些。7~13岁是速度力量发展的敏感期。男孩绝对力量自然增长的敏感期为12~16岁，此后，增长速度减慢，到25岁左右达到最大力量水平。女孩在11~14岁绝对力量增长速度很快，三年中可提高46%，14~16岁增长速度下降，16~17岁回升，17岁以后再度下降，到20岁左右基本达到最大力量水平。

儿童时期骨骼系统中软组织多，骨组织内的水分和有机物较多，无机盐少，骨骼弹性好，不易折断，但坚固性差，易弯曲，因此儿童时期不宜进行大强度力量训练。在这个期间可适当进行发展力量耐力的训练，通过小负荷，特别是克服自身体重的练习，如做俯卧撑、仰卧起坐、反复下蹲等练习，使全身肌肉力量得到适当发展，增加肌肉中毛细血管和肌红蛋白的数量，改进输氧功能。12岁以后可逐渐增加力量训练，并以动力练习为主，少用或不用静力性练习，特别要尽量避免出现憋气动作，以免胸内压的突然变化而影响心脏的正常发育。

少儿力量训练应循序渐进，系统规划，注意全面发展和提高相关力量水平。

二、发展最大力量的训练方法

科学的训练方法是发展运动员最大力量的重要决定因素。根据肌肉收缩形式，最大力量训练主要分为动力性力量训练和静力性力量训练两大类。动力性力量训练方法主要由强度（负荷重量）、组数、每组重复次数、每组间歇时间等要素组成，这些要素与发展最大力量的关系如表 7-2 所示。动力性力量训练是发展举重运动员最大力量的主要形式。

表 7-2　强度、组数、次数与发展最大力量的关系

项目标准					
目的	强度（重量）（%）	组数	每组重复次数	完成动作速度	每组间歇时间（分钟）
发展最大力量（绝对力量）	85~100	6~10	1~3	快到适中	3

最大力量的训练特点是所有的或绝大多数的运动单位都参加运动。因此，发展最大力量须频繁地采用最大或超最大刺激。发展最大力量的训练方法，主要有重复法、强度法、极限强度法、极端用力法、退让练习法、静力性练习法、电刺激法等。这些方法不仅能有效地增大肌肉横截面和发展最大意志紧张的能力，而且也是发展绝对力量、相对力量的主要方法，对速度力量（包括爆发力）和力量耐力的发展也有极为重要的作用。

（一）重复法

重复法也叫持续不断地重复用力的方法①，还称为大强度重复刺激法，即要求在规定的大强度范围内，重复极限紧张直至精疲力竭，也就是每个重量每一组都要做到力竭，甚至还要坚持再做 1~2 次。其负荷特征（表 7-3）是以 75%~90% 的强度进行练习，每组重复 3~6 次，负重量的大小应随肌肉力量的增加而逐渐加大。因为训练时增加试举重量和重复次数就是力量提高的标志，所以当运动员能重复更多次数时，便表明力量有了提高，应增加负荷重量。重复法不仅能加强新陈代谢，活跃营养过程，引起工作肌群增长，迅速而有效地提高肌肉力量，而且也能有效地发展爆发力，改进用力技术的协调性，加强支撑运动器官的机能。重复法在初、中级运动员训练中运用较多，但在高级运动员训练阶段效果相对减小。因为力量的发展很大程度上是在提高杠铃重量和克服这种重量的速度的情况下实现的。因此，随着技术水平的提高，必须结合极限重量进行训练。

表 7-3　重复法的负荷特征

负荷强度（%）	组　数	每组重复次数	每组间歇（分钟）
75~90	6~10	3~6	3

（根据多勃雷夫 1983 年材料改编）

① 保加利亚学者多勃雷夫把这种方法称为“有效组数练习”。

重复法在现代举重训练中得到了比较广泛的运用。例如：中国女子举重队奥运会金牌选手杨霞、丁美媛、刘春红、陈艳青、唐功红、曹磊、王明娟、周璐璐等，以及苏联82次创造世界举重纪录者瓦西里·阿列克谢耶夫和奥运会冠军里格尔特（64次创世界纪录）、瓦尔达尼扬等经常采用这种训练方法。他们在平时训练中虽很少试举最大重量，但只要完成有效组数的必要重复次数，就能成功地在比赛中举起最大重量。

（二）强度法

强度法（表7–4）也叫“最大限度的、短促的用力方法”。其特点是以大的、亚极限和极限重量（即85%~100%的强度）进行优势工作，训练时逐渐达到用力极限，以后继续用对体力来说是强的、中上的和中等强度的负荷量，直到对这种刺激产生劣性或接近劣性反应时为止。强度法能够发挥一次性的最大爆发式用力，符合某些力量性项目最短时间最大用力的要求。它对神经肌肉刺激强烈而集中，有利于提高神经肌肉兴奋过程的强度。同时，也刺激了激素的分泌，大量消耗蛋白质和磷酸肌酸，加强蛋白质的合成与分解，促进肾上腺皮质激素的分泌。强度法重复次数少，刺激强度大，既发展了最大爆发力，又增长了肌肉力量，促进了肌纤维间的协调性，而肌肉体积增加不多。

表7–4　强度法的负荷特征

负荷强度（%）	组　数	每组重复次数	每组间隙（分钟）
85~100	6~10	1~3	3

强度法保证了神经肌肉用力的高度集中与绝对肌力的发展，能使运动员在肌肉体积没有特殊增加的情况下，使相对力量得到显著提高。对于需要最大力量项目的运动员来说，周期性地举极限和亚极限重量可以有效地促进专项工作能力的提高，这早已被相关研究所证实。

中国的吴数德、陈伟强、唐宁生、占旭刚、杨霞、丁美媛，苏联的皮萨连科、塔拉年柯，希腊的迪马斯，哈萨克斯坦的伊林等都采用过强度法进行训练，并多次打破世界纪录，夺得奥运会金牌。运动实践证明，只要提高强度（尤其是90%以上的强度），就能提高运动成绩。但是，这种方法需要较大的体力和心理准备，并对中枢神经系统有较高要求，长期使用会在运动员心理上引起较大的疲劳。因此，不能仅仅采用这种方法。

（三）极限强度法

极限强度法（表7–5），又叫“保加利亚法”或“阶梯式训练法”，为保加利亚功勋教练员阿巴杰耶夫所创。他采用这种方法使保加利亚举重队于20世纪70年代崛起于世界举坛，并在世界锦标赛和奥运会比赛中多次战胜苏联队，使保加利亚成为世界举重强国之一。

表 7-5　极限强度法的负荷特征

负荷强度	90%	95%	97.5%	100%	100%以上
组数	3	2	2	2	1~2
每组次数	3	2	2	1	1
每组间歇	均为 3 分钟				

（引自：万德光，1988.）

极限强度法的显著特点是：非常突出强度，几乎每周每天每项都要求达到、接近甚至超过本人当天最高水平（即最高强度地集中刺激），然后减 10 公斤做两组，再减 10 公斤做两组。即开始递增重量，直至当天最大重量，再递减重量。在计划规定的时间内，要求组数越多越好，组与组之间的间歇以能休息充分为准，整个全年训练都是这样安排，不做大的调整和变动。

以抓举训练为例，暂定第一阶段抓举强度为 130 公斤，经过若干天训练后，适应了这个重量，并能成功抓举两次，就可以增加新的重量（如 132.5~135 公斤），开始第二阶段适应性训练。这样不断增加重量，进行新的适应，使训练水平一级一级地提高。

阿巴杰耶夫用以下观点和事实阐明了“极限强度法”的训练理论。他认为，人体有巨大的潜力和很强的对外界环境适应能力，开始训练时，对新的刺激不适应，经过一段训练就能适应。这时，如果不进行新的刺激、新的适应，机能就得不到新的发展，训练水平不可能达到新的高度。所以，对旧的刺激适应后，必须给予新的刺激，再求得新的适应。这是符合适应性原则的，也是符合自然界发展规律的。

肌肉细胞学原理也证明了上述训练理论的科学性。由母体内带来的细胞核组织，只有受到不断地刺激才能发展，否则就会退化。自然界的一些事例也说明，一种新的环境和条件，人体不但能适应，而且能在这种新的环境和条件下发展自身。从生理生化的角度来看，据测定，在大强度训练后，血液中新肾上腺素含量可增加两倍，从而大大提高激素的含量，皮质素的水平也只有在大重量训练后才会提高。

目前，极限强度法已被举重发达国家广泛采用。中国男子举重队吴数德、陈伟强、占旭刚、张国政、石智勇、吕小军，土耳其的苏莱曼诺尔古、穆特鲁等著名选手，都曾采用极限强度法进行训练，并打破世界纪录，夺取奥运会冠军。极限强度法对发展最大力量虽然极为有效，但是它对运动员的中枢神经系统、营养的补充、恢复措施与医务监督等均有很高要求。据阿巴杰耶夫、弗尔纳杰夫、沃罗比耶夫和郭廷栋等人的观点，“在激烈紧张的训练中，激素系统起巨大的作用，但长期提高激素系统的活动（超过 7~8 周）会导致其衰竭，甚至引起某些疾病”。因此，此法不宜长期使用，应结合其他训练方法，并注意训练节奏和训练周期。

（四）极端用力法

这种方法要求训练时做极限数量的重复，即每组试举允许重复 10～12 次这一最大值，直到完全不能做为止。即使参加训练的肌肉再也不能收缩，肌肉越来越疲劳，需要从大脑皮质发出补充的神经冲动去激发新的运动单位，才能把每块肌肉充分地调动起来，并去激发新的肌群——即兴奋过程的扩散。

保加利亚多勃雷夫认为："这种训练方法对举重运动员的身体起着最为深刻和全面的结构性及机能性的影响，而对运动系统和心血管系统则产生更为强烈的影响，这种方法对力量和耐力的发展产生良好影响，并成为大幅度提高运动成绩的基础。"

运动实践已经充分证明，这种方法不仅能极为有效地发展力量耐力，同时也是发展最大力量、培养意志和心理稳定性的有效方法。极端用力方法的负荷特征如表 7-6 所示。

表 7-6　极端用力法的负荷特征

负荷强度（%）	组数	每组次数	每组间歇（分钟）
50～75	3～5	10～12	3～5

（根据杨世勇主编体育院校通用教材《举重运动教程》2014 年改编）

（五）退让练习法

退让练习法又称离心收缩法。它与克制性训练方法正好相反，不是肌肉在拉长时收缩，而是在收缩的同时或收缩后被更大的外力拉长。

负重力量训练一般都含有退让性用力，如抓举、挺举、推举、深蹲等许多动作重复多次的用力练习，特别是在退让性的慢放杠铃时，两臂屈肌、腹背伸肌、伸膝肌等在某种程度上都要进行退让性工作。

国外专家提出退让性练习的理论依据是：肌肉不仅在收缩时能把化学能转化为功，在外力拉长肌肉做功时，肌肉也能反过来把功变为化学能。因此，退让性用力，除了即时效应（例如制动）外，还能产生积蓄效应（例如借助反弹力从深蹲中起立或上挺）。

国外专家经过 3 个月的试验研究证明，后蹲成绩的最高增长率（平均增长 15 公斤）是用退让练习取得的，而最低的增长率（9.2 公斤）是靠静力练习取得的。背部力量的最高增长率（32.2 公斤）也是用静力练习取得的。双腿原地跳高的增长率（17 厘米）是用克制性工作取得的，而用肌肉工作的其他练习方法做原地跳高则增长率减低；用退让练习的方法减少 1.5 厘米；用静力练习的方法减少 5.4 厘米。可见退让练习对发展腿部力量效果显著。

退让练习法的作用主要表现在以下两方面。第一，退让性练习能比动力性练习对抗更大的阻力，能用超出克制性收缩的强度进行练习，因而能给予神经肌肉系统更强的刺激，取得提高力量的效果。例如：运动员深蹲最高成绩是200公斤，如采用超过200公斤的重量便无法练习深蹲了，然而他却可以负重220~230公斤的杠铃，从直立姿势下蹲（运动员用最大力量抵抗下蹲）。退让性练习法的特点是强调慢放杠铃。研究发现，退让性工作时，肌肉的最大张力可比克制性和静力性练习的最大张力大20%~60%（国外专家认为，用退让性工作所取得的紧张可以超过静力性练习极限紧张的1.2~1.6倍），从而使肌肉用力达到更大的紧张程度。第二，退让性练习与克制性工作是密切结合的，在许多情况下为主动用力（克制性收缩）创造了有利的生物力学条件。例如：用抓举、挺举发展力量时，发力前的引膝、上挺前的预蹲等，都是退让性用力的典型体现。这种退让性力量的提高，会大大提高主动用力的效果。

国外专家认为退让性练习的强度一般以140%~190%或120%~190%为宜。另外，从0.4~1.1米的高处下跳（跳深），也能很好地发展腿部力量。目前，在运动训练中有意识地安排退让练习者还很少。鉴于退让练习对发展力量具有积极作用，在力量训练中应作适当安排。

安排退让性练习时应注意以下五点：

①退让练习应与克制性练习相结合。

②可采用特殊装置进行练习。

③可采用与克制性练习相同的项目进行练习，强度可采用80%~120%的重量。如果用跳深发展腿部力量，则可负小重量进行。

④根据国外专家的观点，退让性工作的优势只有在用大重量做慢速动作时才能显现出来。所以在训练中必须努力将杠铃慢放。慢放杠铃，特别是在最大重量的情况下不仅有助于增加力量，还有助于培养意志。

⑤由于退让练习强度大，训练时还应注意很好地放松。

（六）静力性练习法

静力性力量练习是肌肉在紧张用力时其长度不发生变化的力量练习，所以静力练习又称为等长收缩。其实，纯粹的“等长收缩”是不存在的。对此问题中国学者李岳生曾做过这样的叙述：“生物学家利用现代物理技术，对肌肉组织超微结构进行的研究表明，肌肉在静力收缩时长度的改变，是由于肌原纤维中可收缩原件（原丝）缩短的结果，因而在肌纤维总长度不变时，可收缩原件依然处于收缩状态。这是因为肌纤维本身除了可收缩原件外，还包含有‘串联弹性原件’，在可收缩原件缩短时，串联弹性原件便伸长”。这表明，静力练习时，肌肉组织内微观结构还是要发生变化的，这有助于我们认识静力练习的实质及对增长力量的作用。

静力性力量训练不仅对提高最大力量作用较大，它还可以发展静力性力量和静力性耐力，如举重的支撑动作。生物学研究证实，静态力量是动态力量（包括快速力量）

的基础。静力性练习正是发展静态力量的有效手段之一。

静力性练习之所以能有效地发展肌肉力量，是因为进行静力性练习时，肌肉长度基本不变，肌肉收缩所产生的能量基本上表现为肌肉张力增大。由于完成最大紧张度的静力练习时肌肉强直收缩，即运动单位工作同步化，因而能培养和发展极大的张力。由于静力性练习的特点是工作时处于无氧条件下，这就导致能量储备的迅速耗尽，从而迅速出现疲劳。

静力性力量训练，一般采用较大重量的负荷，以递增重量的方法进行练习。静力性练习除可用于发展最大肌肉力量外，主要用于加强某些薄弱肌肉群的力量，也可用于技术训练。例如：举重挺举中的预蹲，体操中的倒立、十字支撑，射击中的持枪射击等。静力练习还特别适用于伤后恢复阶段的训练。

运动实践证明，进行静力性练习时，肌肉活动的条件与动力性练习时迥然不同，因而两者所训练的力量不完全一样。由于各种运动项目的绝大多数动作都要求快反应、高速度、爆发式地完成，以及高度的灵活性和机动性，所以，过多地使用静力练习法会妨碍动作速度和协调性的发展。使用静力性练习法的目的，只是为了克服某些肌群力量发展中的不足和适应某些静止用力动作的需要。

静力性力量练习时应注意以下三点：第一，练习时要与动力性练习相结合。第二，练习时应与技术动作相一致。第三，关于呼吸，可在练习前做一次深吸气，坚持数秒后慢慢呼出，也可先吸半口气进行极限用力，然后在短促呼吸与短促憋气相交替中完成练习。静力性力量训练的负荷特征如表 7-7 所示。

表 7-7　静力性力量训练的负荷特征

负荷强度（%）	50 以下	50～70	70～90	90 以上
组　　数	2～4	2～4	4～6	3～5
每组持续时间（秒）	20 以上	12～20	8～12	3～6
每组间歇（分）	3～4	3	3	3～4
练习目的	发展力量耐力	发展力量耐力	发展最大力量	发展最大力量

（引自：杨世勇．体育院校通用教材举重运动教程［M］．北京：人民体育出版社，2014.）

（七）电刺激法

电刺激（Electromotor Stimulation，简称 EMS 技术）是一种可以引起肌肉产生收缩的技术。它使大脑发出的中枢神经冲动被一种迫使肌肉收缩的电刺激所取代。近年来，用电刺激法发展肌肉力量受到人们的重视。国外专家在举重运动员身上进行电刺激的实验表明，运用电刺激法 10 天，使股四头肌力量由 308 公斤提高到 375 公斤，增长率达 21.75%。肱三头肌在经过 7～10 次电刺激后，力量增加 23.8%，围度增加 15.7%。

与此同时，采用其他方法而不是进行电刺激的肱三头肌围度增加了 5.1%，力量只增加 8.7%。

电刺激法由科兹于 1969 年发明。电刺激引起的肌肉收缩，本质上与训练时的肌肉收缩是相同的，即消耗能量并产生代谢产物，引起相同的内环境改变所获得的力量一样。一定强度的电刺激获得的力量也能促进运动成绩的提高。

电刺激分为以下两种方法：

①直接刺激法。将两个电极固定在肌肉末端，频率为 2500 赫兹时，收缩最为强烈。

② 间接刺激法。使用电脉冲电流仪，通过两个趋肤电极传输到肌肉，不同的电极可以放置在与其有关的运动神经部位，频率为 1000 赫兹时肌肉收缩最为理想。

另据郭庆芳等人的介绍，运用电刺激法时，可用电极针扎在肌腹两端，进针深度一般为 3 厘米，刺激频率为 100 次/秒，每次时限 0.1 毫秒，刺激 5~7 秒，间隔 3~5 秒，共 15 分钟，隔日 1 次。此外，实验还发现：在训练课后进行电刺激，比非训练日电刺激有效得多。国外专家还建议，用专门电刺激器，因人而异选择电流强度，连续刺激 10 秒，每块肌肉休息间隔 50 秒，每次训练刺激 10 次。

国内外学者的研究都发现，用电刺激方法获得的肌肉力量，在停止电刺激后会很快消退。郭庆芳等认为，力量消退的速度与获得这些力量的速度相同。国外学者认为，电刺激后肌力能保持 15 天，以后下降，但经过 3 个月仍然超过电刺激以前的水平。这与国内外有关专家对力量训练的生物学规律研究所得出的结论相一致，即很快获得的力量，在停止训练后消失得也快；逐渐获得的力量，保持的时间也长。

电刺激发展力量的方法可以作为力量训练的一种辅助手段，可应用于因创伤而不能正常训练，又特别需要保持竞技状态的运动员。

总之，举重运动员的最大力量受多因素综合作用的影响。其中，科学的训练方法是发展最大力量的主要手段。

学习思考题

1. 简述力量的概念分类。
2. 简述力量发展的敏感期。
3. 简述决定最大力量发展水平的生理、生化指标。
4. 简述最大力量训练的基本要求。
5. 发展发展最大力量的具体训练方法有哪些？

参考文献

[1] 钱光鉴，杨世勇．中国举重运动史［M］．武汉：武汉出版社，1996：19.

[2] 钱光鉴，杨世勇．亚洲举重史［M］．北京：人民体育出版社，1996.

[3] 钱光鉴，杨世勇．举重经典手册［M］. 济南：山东电子音像出版社，2008.

[4] 钱光鉴，杨世勇．举重手册［M］. 北京：人民体育出版社，1996.

[5] 郭廷栋．竞技举重运动［M］. 北京：人民体育出版社，1990.

[6] 杨世勇．体育院校通用教材　举重运动教程［M］. 北京：人民体育出版社，2014.

[7] 李岳生．静力练习法发展肌肉力量的生物学基础与实践运用［J］. 中国体育科技，1981（1）：35.

[8] 杨世勇．高等学校教材　体能训练［M］. 北京：高等教育出版社，2013.

[9] 沃罗比耶夫. 现代训练的某些构想［J］. 郭廷栋，译. 体育与科学，1981（2）.

[10] 德沃尔金. 不同年龄肌肉力量和速度力量素质的变化［J］. 彭可洗，译. 中国体育科技，1986（6）.

[11] 万德光，万猛．现代力量训练［M］. 北京：人民体育出版社，2003.

[12] 多勃雷夫．举重运动员的力量、战术和意志训练［M］. 索菲亚体育与运动出版社，1983（保加利亚文版）.

[13] 李岳生．静力练习法发展肌肉力量德生物学基础与实践运用［J］. 中国体育科技，1981（1）.

[14] 王清．力量训练研究综述［J］. 中国体育科技，1989（3）.

[15] 王宝成，王港，靳继成，等．EMS 技术在国家举重队奥运攻关与科技服务中的应用研究［J］. 北京体育大学学报，2001（2）.

[16] 杨世勇．论发展举重运动员最大力量的训练方法［J］. 成都体育学院学报，1992（3）.

[17] 刘北湘．运动生物力学—运动技术分析与评价．［M］. 成都：四川科学技术出版社，2008.

[18] 杨世勇．保加利亚举重训练法在我国的试用［J］. 成都体育学院学报，1985（1）.

[19] 福尔纳杰夫，阿巴杰耶夫．谈保加利亚举重运动员的训练［J］. 郭廷栋，译．中国体育科技，1983（25）.

第八章
提高举重运动员比赛成功率的理论与实践

内容提要

本章主要介绍提高举重运动员比赛成功率的理论、实践及其具体方法。

学习目标

掌握举重运动员第 1、2、3 次试举的基本要求，学会制定开把重量，充分发挥运动员竞技水平。

第一节　提高举重运动员比赛成功率的理论

比赛成功率是反映训练水平与竞赛成绩的重要指标。在重大比赛中，尤其是在势均力敌的情况下，成功率往往成为决定胜负的关键因素。因此，比赛成功率一直受到教练员和运动员高度重视。

一、三次试举的战术安排

影响比赛成功率的因素是多方面的，而试举重量却是影响成功率的最直接因素。正确选定试举重量是提高比赛成功率、充分发挥运动水平的关键因素。因此慎重、稳妥地选定第 1 次试举重量，实事求是地增加第 2、3 次试举重量，是提高成功率，充分发挥运动技术水平的关键因素。

以往的理论与实践研究证明，在运动员状态良好（即不减体重、无伤病、技术熟练、心理稳定）的前提下，第 1 次试举重量应为赛前一月最好成绩的 95%左右，第 2 次为 97%~99%，第 3 次为 100%或以上。在竞争激烈、减体重或存在其他不利因素时，则应在保证发挥训练水平的前提下，考虑战术需要，随机应变地选定试举重量，以提高成功率。总之，第 1 次试举要稳（有 90%~100%的成功把握），第 2 次要准（有 80%左右的成功把握），第 3 次要狠（有 50%~60%的成功把握）。

一些运动员在重大比赛中，往往由于试举成功率低而导致多年的辛勤努力付诸东流，非常遗憾。例如，2015 年世界举重锦标赛，中国男队 10 人参赛，其中 4 人因单项失利无总成绩，全队成功率不到 40%。在全国比赛中成功率偏低的问题也长期存在。例如，2013 年全运会举重决赛成功率仅为 43%，其中有 36 名男运动员无总成绩。由于总成绩为零，这使运动员长期训练的成果毁于一旦。这与一些举重先进国家的优秀运动员在大赛中成功率达 60%以上相比，差距较大。

（一）第 1 次试举要稳

在运动员状态良好的前提下，第 1 次试举重量应为赛前一月最好成绩的 95%左右。第 1 次试举重量要稳，要有 90%~100%的成功把握。

戴光裕等对国内外 13 次重大比赛 2415 人的试举进行了统计分析，认为抓举第 1 次试举应比赛前训练的最高成绩少 5~7.5 公斤，挺举应少 7.5~10 公斤甚至更多。

例如，运动员赛前训练的最高抓举成绩为 150 公斤，确定第 1 次和以后两次试举便有表 8-1 所示的多种方案。

表 8-1　确定试举重量的多种方案（赛前最佳成绩 150 公斤）

方案	第一次试举（公斤）	第 2 次试举（公斤）	第 3 次试举（公斤）
1	145	150	152 或以上
2	142	147	150 或以上
3	140	145	150
4	140	147	150
5	142	150	152 或以上
6	140	150	152 或以上
7	135	145	150 或以上
8	130	140	150 或以上

无论采用上述哪种方案，最重要的是确保第 1 次成功。第 1 种方案是技术熟练、竞技状态良好、临场心理稳定、不减体重的运动员经常采用的；第 2~6 种方案是上述各种因素中某方面不足的选手，为把握起见而采用的；第 7~8 种方案是上述多方面因素不足的运动员采用的。成绩遥遥领先，第 1 次试举便有把握取胜者也可以采用第 7~8 种方案，而且这两种方案常为重级别运动员采用。

运动员水平越高，第 1 次试举重量比赛前最高成绩少得也应越多。例如：一位运动员赛前最高成绩为 100 公斤，从 95 公斤开始试举，他的第 1 次重量是最高成绩的 95%；另一位运动员的最高成绩为 200 公斤，他如果试举也是少 5 公斤，从 195 公斤开始，则 195 公斤是最高成绩的 97.5%，这样导致失败的可能性极大。因为他的最高成绩的 95%应是 190 公斤，也就是在正常情况下，这位运动员选定的第 1 次试举重量应比最高成绩少10公斤甚至12公斤。这已被国内外优秀运动员的实践所证明。即水平越高，级别越重，所举的绝对重量也越重，按照百分比就应相差越多。

挺举第1次试举重量也可按上述分析考虑。在一般情况下，挺举第1次重量应为自己最高成绩的95%左右。高水平运动员、重级别选手以及运动员减体重较多的情况下甚至可以更少一些。越是高水平、重级别选手第2、3次试举增加重量的幅度越大，这也说明他们第1次试举重量与最高成绩的差距越大。

（二）第2次试举要准

第2次试举要准，是指第2次试举要有80%左右的成功把握。在状态良好的情况下，第2次试举重量一般为赛前一个月训练最高水平的97%~99%。在竞争激烈、减体重或存在其他不利因素时，则应在保证发挥训练水平的前提下，考虑战术需要，随机应变，选定第2次试举重量，努力提高成功率。

如第1次试举成功，第2次试举一般可增加5公斤。对那些第1次重量与最高成绩相差较多的运动员，如第1次成功，则第2次试举不妨加7公斤（大级别可加10公斤）；如第1次虽然成功但不太轻松，则第2次加2~4公斤为宜。第2次试举重量一般可达到或接近自己的最高成绩。

保加利亚的巴·多勃雷夫对1952—1982年期间，奥运会、世界及欧洲冠军运用的各类战术方案的次数及所占百分比进行的研究表明：世界优秀选手在第2、3次试举加重中曾使用过30种方案。其中，第1种方案即第2次试举加5公斤，第3次加2.5公斤占绝大多数（抓举占70%，挺举占57.62%）；第2种方案即第2次试举加5公斤，第3次加5公斤占一定比例（抓举4.74%，挺举7.06%）；第3种方案即第2次跃进式加重（加7.5公斤或以上），第3次加2.5公斤也占一定比例（抓举8.76%，挺举17.10%）；采用其他方案所占比例较小（注：2005年国际举重联合会开始实行“1公斤”技术规则，上述加重并不完全适用于现在的“1公斤”规则，但是仍然有重要参考价值）。

如第1次试举失败，在绝大多数情况下都不应增加重量，而应认真分析失败原因，力争第2次成功。有些运动员第1次失败后，不是冷静地分析失败原因，而是一味地想拼，他们以为不加重量，就等于比对手少了5公斤，结果往往适得其反。在世界大赛中，80%以上的选手都是采取失败后不加重量的方案。总之，第2次试举时既要考虑对手和战术因素，又必须实事求是地分析自己可能获得的名次，不切实际地把重量加得太高，只能适得其反。

（三）第3次试举要狠

第三次试举要狠，是指要实事求是地增加第3次试举重量，要根据第2次试举的情况以及对手和战术需要，采取不同的措施，第3次试举重量要有50%~60%的成功把握。

一般情况下，第 2 次试举成功后，第 3 次增加重量（特别是挺举）可以更多地考虑对手和战术需要，做到实事求是增加重量，避免盲目乱拼。在比赛中为了争取更好名次而加重太多，以至连应得名次也得不到的情况屡见不鲜。第 3 次试举一般加 2~3 公斤，如第 2 次举得比较轻松，也可以加 3~5 公斤，个别甚至可加 7~8 公斤（注：第 3 次试举采用 7 公斤或以上的跃进式加重很少，只在竞争激烈，或已稳拿冠军而争取破纪录，或重级别高水平选手中采用）。

中国学者杨世勇等对国内外 30 余次重大比赛的统计发现：第 1 次成功后第 2 次失败，在绝大多数情况下都不应再增加重量，而应继续试举原重量，力争把它举起来；第 2 次失败后第 3 次试举继续加重，绝大多数都是以失败告终。如果第 1、2 次试举均失败，第 3 次一般不宜再加重，因为在此情况下运动员面临“砸锅”的威胁，心情较紧张，如再加重则精神负担更重，失败的可能性更大。总之，要认真分析导致失败的原因，尽量避免三次失败，努力提高成功率。

二、成功的范例和失败的教训

在重大比赛中有很多正确选定试举重量取得成功的事例。如 1996 年第 25 届奥运会，我国 59 公斤级选手唐灵生，6 次试举 6 次成功，将最好成绩提高了 10 公斤，并打破世界纪录荣获金牌。2016 年奥运会，龙清泉在 56 公斤级比赛中成功率达到 83%，以 307 公斤的总成绩打破世界纪录并获金牌。此外，中国女队杨霞、丁美媛、刘春红等奥运冠军，在奥运会比赛中的试举成功率均达到 83%以上。这些都是正确选定重量、正确运用比赛战术的范例。

在实战中试举重量不当导致失败的教训亦数不胜数。例如，1980 年第 22 届奥运会 100 公斤级比赛，苏联选手尼基京一个月前曾以 183 公斤打破这个级别抓举世界纪录，此次比赛抓举却从 167. 5 公斤开始，虽然 3 次成功，但也只举起 177 公斤，而捷克斯洛伐克的扎伦巴达到 180 公斤。两人挺举都是 215 公斤，从而前者以 2. 5 公斤之差输掉了金牌。这是教练员求稳怕输、过于谨慎造成的失误。但是更多的失败是试举重量过高，战术冒进造成的。例如，1980 年莫斯科奥运会，苏联 90 公斤级选手里格尔特（1976 年奥运会冠军，先后 64 次打破世界纪录）在降体重 8 公斤的情况下，抓举开把重量过高导致三次失败。也是在这届奥运会上，先后 80 多次打破世界纪录的两届奥运会冠军、苏联 110 公斤以上级选手阿列克谢耶夫也因试举重量不当，开把重量过高，抓举 3 次失败而痛失总成绩。

1984 年第 23 届奥运会 60 公斤级比赛中，罗马尼亚选手拉都和我国选手陈伟强抓举成绩都是 125 公斤，陈伟强因体重轻而占优势。挺举中拉都第 1 次举起 155 公斤，陈伟强举起 157. 5 公斤。这时拉都本应稳扎稳打，第 2 次举 160 或 162. 5 公斤。这样就会使陈伟强处于困难境地，逼陈第 2 次加到 162. 5 公斤。陈不一定举得起来，即使成功，拉都第3次尚可加到165公斤一搏。可是拉都急于求成，没有正确选定重量，第2次试举一下子加到165公斤，犯了不可挽回的错误，结果第2、3次试举接连失败。陈伟强虽也加到165公斤，但不用再举，金牌已经在手。

第二节　提高举重运动员比赛成功率的实践

一、制定开把重量

开把重量的制定必须符合客观实际，使运动员的训练水平得到充分发挥，反之就会起限制作用，不能发挥技术水平。确定开把重量之前，必须认真分析以下因素。

（一）平时训练

平时训练的水平是确定开把重量首先考虑的因素，特别是赛前一个月训练的各种情况，包括训练最高成绩、技术动作的成功率、体力好坏与疲劳消除情况、赛前训练节奏的把握、生理综合反映情况，以及竞技状态的形成情况等。一般来说，赛前训练情况比较好的，比赛成绩也往往比较好。

（二）心理状态

心理状态也是开把重量应考虑的重要因素之一，尤其是运动员的信心。运动员这方面的表现主要有以下三种情况。

（1）赛前紧张、害怕、信心不足。此种情况多见于新手或者是几次比赛失败以后的运动员。解决的办法有：

①查找心理原因，进行心理辅导，创造条件让运动员参与更多的比赛。

②用鼓励的语言，消除运动员的心理障碍以增强信心。

③试举采用保守的重量，尽量稳一些。

（2）赛前信心很足，但对自己的能力估计过高。大多数运动员都属于这一类，训练了几年但还不是很成熟，在以往的比赛中都有良好的表现，会主动要比较高的试举重量，自己信心很足，但较少考虑不利因素，如赛前睡眠是否正常、是否减体重和减多少、赛中等待试举时间是否比较长、比赛环境是否有利等。对此，教练员应做好以下工作。

①避免头脑发热，要考虑运动员体力和精神状态。

②以肯定和鼓励运动员的信心为主，把自信心引导到试举的高成功率上，而不挫伤运动员的积极性。

③要以我为主，采取主动，发挥自己的最高水平。

(3) 既充满信心，头脑又比较冷静清醒，对自己的估计比较客观。这些运动员往往是比赛经验较丰富的选手，经历过多种大赛的锻炼，对自己赛前状态能较准确地判断，教练员应多听他们的情况反映和对试举重量的建议，但不要过分迁就，要与自己对情况的分析判断综合起来考虑，以确定试举方案。

（三）是否减体重

减体重对运动员的体力影响是显而易见的，但也存在着个体差异，有的影响较大，除体力下降外，甚至会出现肌肉抽痉的情况，而有的则影响较小。教练员只能在比赛中摸索和总结每个运动员的特殊规律，以确定试举重量同时还有以下五个因素需考虑：

①减体重多者影响大些，而少者影响小些甚至不受影响。

②轻级别影响大些，重级别影响小些。

③脂肪少者影响大些，而多者影响小些。

④力量小而技术好者影响大些，力量大而技术差者影响小些。

⑤快速减体重且多者影响大些，而少者影响小些甚至不受影响。

（四）比赛经验及以往比赛的发挥情况

运动员参赛越多，其比赛经验就越丰富，越善于控制好抓、挺的体力分配，越能发挥平时的最好成绩。但也有些运动员虽参赛多次，仍难以在比赛中稳定地发挥平时应有的水平。因此，参赛多少与水平的发挥未必都能成正比。

参赛不多、经验不足的新手，试举重量一般应力求稳一些，要以我为中心，稳扎稳打，保证试举的成功率，以成功率取胜。当然，也有些初生牛犊不怕虎的新手能发挥平时的最好水平，甚至超出平时的最好成绩，但这仅是个别现象。

认清赛场对手情况也是非常必要的，这也是确定试举重量应考虑的因素之一。如运动员拼搏能进入前 8 名或前 5 名，甚至能进入前 3 名的试举重量，也要把握机会，顽强拼搏，争取创造较好成绩。

二、熟悉比赛环境

熟悉比赛环境是运动员赛前不可忽视的重要部分，对增强信心并做到心中有数有着积极的作用。运动员熟悉参赛环境主要从以下方面进行考虑。

①赛前的热身场地与比赛台的距离有多远，大概要走多长时间。

②比赛台大概有多高，与观众看台有多远距离，比赛台的灯光设置或光线是否会刺眼。

③热身场地与比赛场地是否有温差，温差大概有多少。特别是在夏天比赛，有时在热身场地室温较高，而竞赛场地开冷气室温较低，身体感觉有点凉，由于温差的变

化，会降低运动员的兴奋性。

④比赛台的台阶设置是否合理，稳固程度如何等。

⑤杠铃杆的转动性能。

⑥举重台组装的平整性，举重台表面油漆的光滑性，是否需用松香。

⑦热身场地与比赛场地之间的通道是否平整，洗手间及更衣室位置。

⑧运动员休息室的位置及设备，称量体重室的位置，赛场出入口的位置。

⑨接送运动员到赛场的车辆安排及往返车辆的等候位置。

⑩赛会新闻厅位置，兴奋剂检查中心位置。

⑪地点、气候、时差、温度、饮食等自然因素。不同地点之间各方面情况差异是很大的，地点的改变可能会带来因气候造成的干湿、气温的变化，还可能会带来时差及饮食习惯等各方面的改变，如不事先熟悉参赛环境，有可能会给运动员生理和心理上带来不利的影响。

三、比赛发挥

比赛发挥主要指运动员在比赛中竞技水平的发挥和展示程度。充分发挥竞技水平，创造优异成绩是运动员参加比赛的重要目标。与比赛发挥有关的因素有运动员自身竞技水平、教练员的临场指导能力、比赛中突发因素的影响等。

（一）运动员自身竞技水平的发挥

运动员竞技水平的发挥要靠赛前有序的训练节奏、充分的热身活动准备及良好的心理状态来实现。

1. 赛前有序的训练节奏

赛前有序的训练节奏是保证在比赛中正常发挥的基础，只有通过训练量的积累，才有厚实坚固的技术发挥。有些运动员在赛前训练中，往往过分贪求大强度，其原因主要有：兴奋性高，竞技状态已逐步形成；信心不足，自己觉得心里没有底。但不管是出于哪一种原因，教练员都应讲清楚道理，严格控制计划外的大强度练习。一般来说，赛前对技术强度控制严一点为好，这样一方面可防止运动员过度兴奋，防止竞技状态的过早出现；另一方面能够保证到比赛时运动员有举大重量的强烈欲望。这时的技术训练，除一般要求协调、准确外，应强调速度和节奏。

2. 充分的热身活动准备

热身活动准备充分是保证比赛正常发挥的基本要求，热身活动要有张有弛，不要太过急促，以免给运动员造成紧张。在比赛中，常会出现对手改变试举重量或者试举弃权的情况，这势必影响出场的次序和时间的变化。因此，教练员要及时注意场上情况的变化，及时调整运动员准备活动的节奏，以免措手不及或使运动员等待试举太久。

3. 良好的心理状态

良好的心理状态是保证比赛正常发挥的根本。首先教练员要与运动员在赛前沟通好参加比赛的目的，让运动员在思想上有所准备；其次摆正自己的位置，在参赛级别中处于什么位置，在保证试举成功率基础上，提要求出成绩；最后要发扬顽强拼搏的精神，勇于拼搏。

（二）教练员的临场指导

比赛胜负除取决于选手的训练水平及实力外，还取决于教练员的临场指挥。要扬长避短，出其不意地打乱对手出场节奏，以抑制对手的兴奋点，使自己取得主动和优势。特别是在势均力敌的情况下，正确的临场指导是取得比赛的关键。临场指导的要求如下。

1. 充分调动运动员的参赛能力是临场指导的核心

比赛是教练员和运动员共同参与的活动，教练员制订的技战术方案，要通过运动员的实战运用才能实现。夺取优胜主要靠运动员克服困难、临场发挥和顽强拼搏。因此，充分调动运动员的参赛能力，发挥运动员的聪明才智乃是临场指导工作的核心问题。

2. 有的放矢，知己知彼是实现正确指导的前提

赛前教练员要对运动员的参赛级别做全面分析，例如了解对手的训练成绩、是否降体重和降多少、以往的比赛情况及成功率、运动员是否有伤病等，只有深入了解情况、摸清底细，指导工作才能有预见性，才能按照赛前计划逐步实施，比赛才能争得主动和优势。

3. 及时调整运动员的心理状态是临场指导工作的中心环节

比赛现场是错综复杂的，对手的情况有时是不能完全准确预测的，会碰到这样那样的问题。有的运动员第一次试举成功后，第二次试举增加重量较多，或者运动员连续试举失败，这样就会打乱运动员的试举安排，此时教练员要做出正确的决断，及时调整运动员心理状态，进行安抚并加以正确的引导，增强运动员的自信心。

4. 保持清醒头脑，灵活运用战术是取胜的关键

对于赛场的变化，运动员和教练员要保持清醒头脑，沉着应对，而不要随意改变原来的计划，打乱自己的步骤。随着比赛的深入，适当调整比赛计划在所难免，教练员要随时应对，多谋善断，及时更改自己的战术方案，利用两次更改试举重量的机会，灵活运用战术。

（三）比赛中的突发因素

在激烈的比赛中，难免会出现一些突发事件，此时教练员应遇事不乱，果断应对。

1. 比赛中的主观突发因素

①运动员对比赛激烈程度准备不足，产生肌肉僵硬，技术动作变形。
②想赢怕输的心理压力，使自己无法放下包袱。
③由于紧张产生尿频、尿急。
④抓举比赛结束后，运动员产生饥饿感。
⑤降体重太多，肌肉痉挛。
⑥肌肉受伤。
⑦比赛服装或护具不符合规则要求，裁判员要求运动员重新整理。

2. 比赛中的客观突发因素

①走道或场地不平整，使运动员绊脚或摔倒。
②运动员突然减轻杠铃重量，使自己等候试举时间过长。
③运动员突然加大重量，使自己准备活动不足。
④举重台太滑。
⑤比赛杠铃杆有血迹，使运动员有厌恶情绪。
⑥由于裁判员的失误，叫错运动员出场，而要重新出场。
⑦由于裁判员的失误，杠铃两端加的重量不平均或加的重量轻于所要的重量，需重举一次。

3. 应对突发事件的措施

教练员在赛前应做好应对突发事件的充分准备，做到应对有方。具体措施如下：

①对于主体引起的突发事件，影响运动员赛前最佳状态的心理变化，教练员要在赛前做好充足的准备并给予足够的重视。对于比赛紧张的运动员，要加强心理辅导，不施加压力，尽量少谈或避谈比赛结果，创造一种宽松愉悦的环境，尽量满足运动员的赛前要求和习惯。充分发挥队医和辅助教练员的作用，做好物质上的准备。

②对比赛前和比赛中运动员出现的伤病，以及肌肉痉挛和头晕等不适现象，首先教练员要保持冷静，切勿惊慌失措，手忙脚乱。其次要采取应急措施，对出现的小伤病要及时止痛，恢复功能；对出现的大伤病或急性损伤，不要随意处置，要请医生仔

细检查，送医院治疗，以免耽误医治的时机。同时对运动员进行安慰和鼓励，尽量解除其顾虑，克服恐惧心理，并征询其意见，是否继续参赛，不要草率决定放弃比赛。

③运动员的比赛服装或护具，在赛前的准备活动时就要穿戴齐整，以便尽早进入角色并适应穿戴后进行活动的感觉。切忌出场前草草着装、马虎了事，结果被裁判员要求重新整理，从而影响运动员的赛前状态。

④对于比赛前兴奋性太低或情绪不振的运动员，教练员可用重手法快速按摩肌肉群或涂抹刺激性油质，刺激神经中枢，以提高其兴奋性，并用激将法或鼓励的言语加以鞭策；对于运动员赛前习惯性行为遭遇破坏，教练员可用事例或安抚言语、动作给予鼓励，甚至采用强烈批评，提醒运动员。对于兴奋性很高，出现过分高估自己或因着急而手忙脚乱的队员，教练员可让其轻微闭目一二十秒，使其情绪安定一下，然后简单提示一两点动作要领，再让其从容不迫地上台试举。

⑤由于客观原因引起的突发事件，往往会影响运动员最佳竞技状态的发挥。为减少此类事情的发生，教练员和运动员在赛前尤其要熟悉比赛场地，对比赛中要行走的路段要进行认真仔细地观察并试走一下，避免比赛时绊脚或摔倒而影响情绪。

⑥在比赛中，对手突然加大或降低试举重量，教练员应早有预防和准备。对候场准备活动时间的掌握，应充分考虑运动员的习惯。一般来说，准备活动宜早不宜迟，如各类基层比赛和全国青少年比赛，因比赛进程较快，故在掌握准备活动时间上要有一定的提前量；而对于全国锦标赛、冠军赛和国际大赛，由于试举重量的战术运用较多，在活动的过程中，可根据场上的比赛进程，适当调整自己的间歇时间。正常情况下，离上场还有20~25次试举时，开始准备活动较为合适，最后一次准备活动与自己上场时间控制在2~3分钟。如果准备活动做得太早，则每隔3分钟用中等重量再活动一次，以防止身体变凉和兴奋性降低；如果准备活动做得太晚，则可适当缩短间歇时间或增大加重的幅度来调节。

⑦教练员在运动员每次试举后，要向运动员询问试举的情况，如发现场地、器材及器材摆放位置等存在问题，则应在运动员下次试举前向技术监督提出，以保证运动员的良好心态和最佳水平的发挥。

⑧比赛中出现裁判员错判、误判等问题时，教练员要保持头脑冷静，心平气和地向技术监督提出质疑，向仲裁委员会提出申诉，即使得不到满意的解决，也不要牢骚满腹，甚至出现罢赛、不参加颁奖仪式等情况，应尊重裁判员、顾全大局。

加强对成功率的研究，注重上肢和支撑力量训练，在平时训练中强化和重视运动员试举的成功率，培养良好的技术定型，并注重比赛条件下的环境模拟训练，这对于提高试举的成功率有积极的意义。

学习思考题

1. 提高举重运动员的比赛成功率有何意义？

2. 如何填报第一次试举重量？
3. 选择第二次试举重量的要求有哪些？
4. 选择第三次试举重量要注意哪些问题？
5. 怎样提高举重比赛的成功率？

参考文献

[1] 杨世勇．提高举重运动员比赛成功率的探索［J］．成都体育学院学报，1999（4）.

[2] 钱光鉴，杨世勇．中国举重运动史［M］．武汉：武汉出版社，1996：19.

[3] 郭廷栋．竞技举重运动［M］．北京：人民体育出版社，1990.

[4] 钱光鉴，杨世勇．中国举重运动史［M］．武汉：武汉出版社，1996.

[5] 杨世勇．优秀举重运动员减体重战术的研究［J］．成都体育学院学报，2003（4）.

[6] 多勃雷夫．举重运动员的力量、战术和意志训练［J］．郭金荣，译．中国体育科技，1984（24）.

[7] 杨世勇．体育院校通用教材 举重运动教程［M］．北京：人民体育出版社，2014.

[8] 沃罗比耶夫．现代训练的某些构想［J］．郭廷栋，译．体育与科学，1981（2）.

[9] 杨世勇．第27届奥运会中国女子举重述评［J］．成都体育学院学报，2000，6.

[10] 钱光鉴，杨世勇．举重经典手册［M］．济南：山东电子音像出版社，2008.

[11] Yang shiyong. Research on Chinese Weightlifting Make More Glorious Achievements［C］. ICSEMIS 2012 International Convention on Science，Education & Medicine in Sport. Final Programme：142.

[12] 杨世勇，张婕，杨棠勋，等．第29届奥运会举重比赛的调研［J］．中国体育科技，2009（2）.

第九章

奥运会举重冠军的年龄特征及多年培养

内容提要

本章主要介绍举重男子、女子奥运会冠军的年龄特征，奥运会冠军的多年培养，女子优秀运动员培养的理论与实践。

学习目标

明确举重男子、女子奥运会冠军出成绩的基本年龄特征，了解国内外奥运会冠军的多年培养情况，掌握培养举重男子、女子奥运会冠军的基本要求。

第一节　男子奥运会冠军的年龄特征

从 1896 年至 2016 年，在 120 年的奥运会历史上共颁发了 531 枚男子举重奖牌（其中金牌 180 枚、银牌 176 枚、铜牌 175 枚），产生了 156 位奥运会男子举重冠军。通过对他们成绩提高规律的年龄特征进行系统研究，对于掌握和揭示优秀举重运动员成绩增长的基本规律，预测未来发展，正确指导举重训练有着重要意义。

一、男子奥运会冠军的平均年龄

1896 年至 2016 年共有 37 个国家的 156 名运动员荣获奥运会冠军，平均年龄为 25. 7±3. 65 岁。举重理论与实践证明，优秀运动员的成长，是多年系统训练的结果。运动员从选材到创造优异成绩，一般要 8～9 年的时间，而达到世界一流水平需要的时间则更长。国外专家研究资料表明，正常情况下男子在 20 岁以前力量不断提高，20 岁以后力量提高的速度放慢，到 25 岁左右达到最高峰，25 岁以后力量每年下降 10%，但是力量下降的速度受到每个人活动量的显著影响。

举重是典型的体能主导类快速力量性项目，不仅对运动员的最大力量有极高要求，而且对构成竞技能力的 7 个方面：形态、机能、技术、战术、心理、智力、身体素质都有很高要求，而这 7 个方面涉及上百种因素。运动员只有在经过多年系统训练，力量素质达到最高水平的前提下，最大限度地提高与竞技能力有关的多因素水平，才能在竞争激烈，水平最高的奥运会比赛中创造佳绩 。奥运会冠军既有不足 20 岁的青年，也有年龄已 36 岁的老将。而在 25 岁左右（25.7±3.65 岁），多种竞技能力（特别是力量素质和生理机能）达到最高水平的前提下创造最佳成绩，则充分说明了达到世界最高水平须经过长期系统训练，并在竞技能力达到最高峰的前提下才能夺取优胜的一般规律。

（一）获奥运会冠军选手的年龄特征

表 9-1、表 9-2 所示为获得过三届、两届奥运会冠军选手的年龄特征情况。

表 9-1　获三届奥运会冠军选手的年龄特征

姓名	国籍	始训年龄（岁）	首次获冠军年龄（岁，时间）	第二次获冠军年龄（岁）	第三次获冠军年龄（岁，时间）
苏莱马诺尔古	土耳其	10	21，1988	25，1992	29，1996
迪马斯	希腊	12	21，1992	25，1996	29，2000
卡基亚什维利斯	希腊	13	23，1992	27，1996	31，2000
穆特鲁	土耳其	10	21，1994	27，2000	31，2004

注：①卡基亚什维利原为苏联格鲁吉亚人。1992 年代表独联体获 90 公斤级冠军，1996 年、2000 年代表希腊分别获 99 公斤、94 公斤级冠军。

表 9-2　获两届奥运会冠军选手的年龄特征

序号	姓　名	国　籍	始训年龄（岁）	首次获冠军年龄（岁，时间）	第二次获冠军年龄（岁，时间）
1	路易斯	法国	16	24，1932	28，1936
2	大卫	美国	17	27，1948	31，1952
3	温奇	美国	15	23，1956	27，1960
4	科诺	美国	15	22，1952	26，1956
5	巴扎诺夫斯基	波兰	18	29，1964	33，1968
6	三宅义信	日本	17	25，1964	29，1968
7	沃罗比耶夫	苏联	19	30，1956	34，1960
8	札鲍京斯基	苏联	16	26，1964	30，1968
9	努里基扬	保加利亚	15	24，1972	28，1976
10	阿列克谢耶夫	苏联	18	30，1972	34，1976
11	库尔洛维奇	苏联	14	27，1988	31，1992

续表

序号	姓　名	国　籍	始训年龄（岁）	首次获冠军年龄（岁，时间）	第二次获冠军年龄（岁，时间）
12	占旭刚	中国	11	23，1996	27，2000
13	穆特鲁	土耳其	10	22，1996	26，2000
14	雷扎扎德	伊朗	10	22，2000	26，2004
15	伊林·伊利	哈萨克斯坦	9	20，2008	24，2012
16	龙清泉	中国	9	17，2008	25，2016

（二）年龄最大的奥运会冠军

在上述156名获金牌的男子运动员中，有10名选手荣获冠军时年龄超过33岁，他们分别是苏联的普留克费尔德尔、沃罗比耶夫、卡罗尔、阿列克谢耶夫，匈牙利的福尔迪，美国的德皮埃特罗，德国的斯特拉斯伯格，埃及的沙姆土，意大利的托那尼，捷克斯洛伐克的斯科布拉。年龄最大的选手是苏联的鲁道夫·普留克费尔德尔，他生于1928年9月6日，1964年10月16日在东京举行的第18届奥运会上，以475（150+142.5+182.5）公斤的总成绩荣获轻重量级（82.5公斤级）冠军。

（三）年龄最小的奥运会冠军

在奥运会历史上共有15名选手荣获举重冠军时年龄不到21岁。其中美国的伯格，意大利的皮埃里洛，保加利亚的兹拉特夫、马林诺夫、米特科夫获冠军时的年龄仅有20岁。年龄最小的是中国选手龙清泉，生于1990年12月3日，2008年8月9日在北京举行的第29届奥运会上以235（105+130）公斤荣获56公斤级冠军时，年龄不满18岁。

二、男子奥运会冠军的平均训练年限

在奥运会历史上有三人连续荣获三届奥运会冠军，15人荣获两届奥运会冠军。这19名选手首次夺得奥运会冠军的训练年限约为9.81±2.1年。

此外，奥运会冠军的训练年限还与特定的历史时期有关。20世纪20年代以前，竞技举重处于自然发展阶段，当时还谈不上系统训练，运动水平较低，运动员依靠天赋的身体条件就可能取得佳绩。因此，冠军选手的年龄和训练年限参差不齐。例如1896年获首届奥运会冠军的英国选手埃利奥特（单手举71公斤）和丹麦选手扬森（双手举111.5公斤）都非常年轻，仅有22岁，并没有进行过专门训练。夺得1920年奥运会75

公斤级冠军的法国选手亨利（总成绩245公斤）、82.5公斤以上级冠军意大利选手菲利普（总成绩270公斤）都已32岁，也没有经过长期多年训练，仍然获得了冠军。20世纪30年代至60年代，竞技举重逐渐进入系统训练阶段，要创造优异成绩必须经过多年训练。在此期间，达到奥运会冠军水平的训练年限为10年左右。冠军选手的平均年龄在25~28岁之间，其中既有20岁的年轻选手，也有年已36岁才夺得冠军的老将。20世纪70年代至90年代竞技举重进入大运动量训练和多学科综合利用暨科学训练阶段，运动员进一步年轻化，训练年限进一步稳定下来，获奥运会冠军选手的平均年龄在24.7~27.9岁，达到冠军水平的训练年限为9~12年。

三、举重训练开始时间

举重训练开始时间早，则出成绩也早；反之亦然。俄罗斯举重专家德沃尔金研究了苏联和俄罗斯选手开始专项训练的年龄，他指出：在20世纪30年代，专项训练开始年龄为19~20岁，50~60年代为16~17岁，70年代为15岁，80年代为14~15岁，90年代为10~12岁。从实际情况中我们也可以得出有关结论。例如，20世纪60年代苏联有10位选手获奥运会冠军，平均年龄为27.9±3.8岁；70年代有9位选手获奥运会冠军，平均年龄28±4.3岁；80年代有11位选手获奥运会冠军，平均年龄28.8±3.6岁；90年代有4位选手（以独联体名义参赛），获5枚奥运会金牌，平均年龄下降到25.8±3.2岁。

从20世纪70年代开始崛起于世界举坛的保加利亚队是早期专门化训练的突出代表。从20世纪60年代中期开始保加利亚就从13~14岁少年中选材训练，70年代为12岁左右，80年代为10岁左右。1972年至1992年，该队共有9人在奥运会上获10枚金牌。这9名选手获得奥运会冠军时的平均年龄为21.4±1.42岁，其中有3人为20岁，年龄最大者为24岁。

一些世界著名选手的情况也可以说明始训年龄与出成绩早晚的关系。例如，曾先后82次打破世界纪录，两获奥运会冠军的苏联选手阿列克谢耶夫曾是国家青年男排后补队员，18岁开始训练举重，30岁首获奥运会冠军；两届奥运会冠军，先后20多次打破世界纪录的波兰选手巴扎诺夫斯基，18岁在国防军当兵时才开始练习举重，29岁首获奥运会冠军。此外，也有许多早期专项训练，早出成绩的选手。例如，三届奥运会冠军，80多次打破青年和成年世界纪录，获世界大赛金牌52枚的土耳其著名选手苏莱曼诺尔古（原为保加利亚选手）10岁开始举重训练，不到16岁就打破了成年世界纪录，1988年21岁时首获奥运会冠军，并连获三届奥运会冠军，创造了世界举重史上前所未有的奇迹。希腊选手迪马斯也是早期训练的成功范例，他12岁开始专项训练，21岁就首获奥运会冠军，25岁再获冠军，29岁第三次获冠军。保加利亚的兹拉特夫、尼科罗夫、米特科夫、马林诺夫、伊万诺夫和罗马尼亚的尼库·夫拉德等选手，都是10

岁左右开始专项训练，年仅20岁或21岁就夺得了奥运会冠军。上述事例充分说明了开始训年龄早则出成绩早、始训年龄晚则出成绩晚的一般规律。

四、未来奥运会冠军的平均年龄

近50年来，奥运会冠军的平均年龄从27~28岁降至24岁半左右。各级别世界前10名优秀运动员的平均年龄从27岁降至23岁。20世纪50年代以前一般从16~17岁开始训练，而从20世纪80年代以来开始训练的年龄提前到11~12岁。这是合适的年龄，既未错过力量和爆发力发展的敏感期，在训练安排合理时又不影响少年运动员的健康，加上要夺取奥运会冠军，必须经过长达10~12年的系统训练，在各种素质达到最高水平时才能创造佳绩。因此，预计未来奥运会男子举重冠军的平均年龄将基本稳定在23~24岁，除个别早熟者外，这一年龄不会再提前。

第二节　女子奥运会冠军的年龄特征

2000年女子举重成为奥运会项目，设7个级别7枚金牌。到2016年共颁发了35枚奥运会女子举重金牌，这35枚金牌由来自11个国家或地区的33名运动员夺得。这33位女子奥运会举重冠军的平均年龄｛总平均训练年限=［（获冠军年龄-始训年龄）+0.5］÷总人数｝为23.9±3.2岁。其中，中国运动员陈艳青连续夺得2004年、2008年两届奥运会冠军；朝鲜运动员李全心、中华台北运动员许淑静连续夺得2012年、2016年奥运会冠军。她们首次获冠军时的平均年龄为22岁，获第2次冠军时的平均年龄为26岁（表9-3、表9-4）。

表9-3　获奥运会冠军的女子举重运动员年龄特征

序号	姓名	国家或地区	始训年龄（岁）	获冠军年龄（岁，时间）	级别（公斤级）	出生时间
1	塔娜·诺特	美国	23	28，2000	48	1972.5.10
2	杨　霞	中国	13	23，2000	53	1977.1.8
3	门迪维尔	墨西哥	14	23，2000	58	1977.6.30
4	陈小敏	中国	12	23，2000	63	1977.2.7
5	林伟宁	中国	11	22，2000	69	1978.3.15
6	乌鲁蒂亚	哥伦比亚	23	35，2000	75	1965.3.25
7	丁美媛	中国	12	21，2000	+75	1979.2.27
8	塔伊兰	土耳其	13	21，2004	48	1983.10.29

续表

序号	姓名	国家或地区	始训年龄（岁）	获冠军年龄（岁，时间）	级别（公斤级）	出生时间
9	波尔沙克	泰国	11	23，2004	53	1981. 10. 6
10	娜塔莉亚	乌克兰	12	23，2004	63	1981. 8. 3
11	帕·通戊	泰国	14	25，2004	75	1979. 4. 18
12	唐功红	中国	12	25，2004	+75	1979. 3. 5
13	刘春红	中国	12	19，2004	69	1985. 1. 29
14	陈苇绫	中国	12	26，2008	48	1982. 1. 10
15	普拉帕瓦迪	泰国	12	24，2008	53	1984. 5. 29
16	朴贤淑	朝鲜	11	23，2008	63	1985. 8. 4
17	斯利文科	俄罗斯	13	22，2008	69	1986. 6. 12
18	张美兰	韩国	14	25，2008	+75	1983. 10. 9
19	瓦热尼娜	哈萨克斯坦	12	24，2008	75	1984
20	王明娟	中国	10	27，2012	48	1985. 10. 11
21	祖尔菲亚	哈萨克斯坦	10	19，2012	53	1993. 7. 5
22	李学英	中国	11	22，2012	58	1990. 5. 15
23	麦·马内扎	哈萨克斯坦	13	27，2012	63	1985. 11. 1
24	波多贝多娃	哈萨克斯坦	11	26，2012	75	1986. 5. 25
25	周璐璐	中国	11	24，2012	+75	1988. 3. 19
26	塔·索皮塔	泰国	11	22，2016	48	1994. 12. 23
27	斯·苏肯雅	泰国	11	21，2016	58	1995. 5. 3
28	邓　微	中国	10	23，2016	63	1993. 2. 14
29	向艳梅	中国	11	24，2016	69	1992. 6. 13
30	孟苏平	中国	13	27，2016	+75	1989. 7. 17

表 9-4　获两届奥运会举重冠军的女运动员年龄特征

姓名	国家或地区	始训年龄	第一次获冠军年龄（岁，时间）	第二次获冠军年龄（岁，时间）	级别（公斤级）	出生时间
陈艳青	中国	13	25，2004	29，2008	58	1979. 4. 5
许淑静	中华台北	12	21，2012	25，20216	53	1991. 5. 9
李全心	朝鲜	10	19，2012	23，2016	69，75	1993. 2. 5

一、女子奥运会冠军的平均年龄

女子奥运会冠军既有年仅 19 岁的青年，也有 35 岁的老将。在 23 岁左右（23.9±3.2 岁）多种竞技能力（特别是力量素质和生理机能）达到最高水平的前提下创造最佳成绩，充分说明了达到世界最高水平必须经过长期系统训练，并在竞技能力达到最高峰的时才能夺取优胜的一般规律。

（一）年龄最大的奥运会冠军

年龄最大的选手是哥伦比亚运动员乌鲁蒂亚，出生于 1965 年 3 月 25 日，1980 年 15 岁时开始练习铁饼，1988 年作为铁饼运动员代表哥伦比亚参加了汉城奥运会，并以 54 米的成绩获第 17 名。随后，23 岁的乌鲁蒂亚在保加利亚教练指导下从事举重训练，她先后获 9 枚世界举重锦标赛金牌。2000 年已 35 岁的乌鲁蒂亚在赛前半年体重达 88.53 公斤的情况下毅然减体重 13.53 公斤，参加 75 公斤级比赛，以 245 公斤的成绩成为哥伦比亚历史上的首位奥运会冠军。

（二）年龄最小的奥运会冠军

中国运动员刘春红 2004 年在雅典获 69 公斤级冠军时为 19 岁。

二、女子奥运会冠军的平均训练年限

32 名女子奥运会举重冠军的训练年限约为 11.4±3.2 年。连续荣获两届奥运会冠军的运动员首次夺得奥运会冠军的平均训练年限约为 9.7 年。

三、全面发展的体能水平有助于夺取金牌

2000 年奥运会冠军，美国运动员诺特原为体操运动员，曾获得体操全国冠军，后从事足球训练并入选国家队。1995 年 23 岁的诺特才开始从事举重训练，虽然年龄较大，但由于运动素质全面，在 28 岁获得奥运会冠军。哥伦比亚的乌鲁迪亚，15 岁时练习铁饼，23 岁开始从事举重训练，35 岁夺得 75 公斤级奥运会冠军。

此外，中国选手刘春红 9 岁开始练习柔道，12 岁改练举重。良好的体能发展水平和早期基础训练，为夺取奥运会冠军奠定了较好的基础。

第三节　奥运会冠军的多年培养

奥运会冠军的培养是一项长期的系统工程，涉及选材、训练、竞赛、管理、营养与医务监督等多方面。只有在上述诸方面最优化，才能促进奥运会冠军的培养。

一、奥运会冠军的竞技能力特征

（1）机能：表现出较高的雄性激素水平。

（2）素质：表现为突出的最大力量和极强的爆发力（具备一定专项耐力和动作协调性）。

（3）形态：表现为肩宽、胸厚、拇指长，上肢、上体、腰背部、腿部等躯干和上下肢肌肉发达。

（4）专项技术：在高强度和极限强度下完美表现抓举、挺举技术的能力。

（5）战术：表现出较强的临场应变和对试举重量变化的应对能力。

（6）心理：表现为在训练和比赛过程中快速解决问题的能力强，能够有意识地支配、调节自身行为，努力去克服各种困难，实现预定目标。

二、科学选材与系统训练

科学选材是造就优秀运动员的先决条件，只有将最有发展潜力的天才儿童选拔出来，并进行科学的预测和系统训练，才有可能创造最佳成绩。

从现代奥运会创办至今，举重训练经过了自然发展阶段、新技术阶段、大运动量阶段和多学科综合运用（即科学训练）阶段。具有以下特点：

①注重技术创新，挺举提铃至胸和抓举技术由箭步式发展到下蹲式，注重技术细节，杠铃运行路线更加合理，速度更快。

②训练内容进一步精简，紧密结合专项。

③训练负荷加大，注重挖掘竞技能力的最大潜力。

20 世纪 60~70 年代，举重运动员年负荷量为 800~1000 吨，而 80~90 年代一些优秀运动员年负荷量已经提高到了 3000 吨以上。例如，保加利亚男子举重队备战 1980 年奥运会时，大负荷量每周训练多达 28.5 小时。每周一、三、五全天负荷量达到 22~27 吨，二、四、六达到 12~17 吨。中国举重队备战 2008 年北京奥运会时，大负荷量每周达到 14~15 次训练课（其中早操 3 次），每周训练达到 27 小时。

在训练中要有相当大的负荷量是因为任何有效的刺激都必须多次重复才能起作用。

这不仅因为中枢神经系统的兴奋和调节机能需要反复刺激才能强化，也是因为细胞的分解达到一定的程度才能促进其合成。专家认为，在训练中许多起重要作用的激素系统只有经过 3~5 小时紧张的肌肉活动才能活化起来发挥作用。长时间的大负荷训练便是这样一种应激因素。

但是，如果负荷量很大而缺少有效的恢复措施，产生的疲劳得不到消除，那么加大负荷量非但没有意义甚至有害。盲目追求大负荷量会造成过度训练、过度疲劳等不良后果。安排负荷量的基本要求有以下四点。

第一，要勇于打破平衡，不断提高运动员承担负荷量的能力。

第二，负荷量要有节奏，应依靠负荷量的节奏性来保持对运动员机体的新异刺激。

第三，要根据每个运动员的具体情况加以区别对待。

第四，儿童少年要长期规划、系统安排，不能急于求成，拔苗助长。

儿童少年每周训练次数一般为 5~8 次，也有每周安排 9~12 次等多种类型。应重视低、中、高强度的组合安排，重视优秀运动员和强调高强度训练。注意采用小周期、快节奏、多课次、高强度、针对性、全方位、大运动量系统训练。“三从一大”科学训练（从难、从严、从实战要求出发、进行科学的大运动量训练）也是举重训练的基本要求。

三、在竞赛中充分表现竞技水平的能力

竞赛是对举重训练效果的检验，必须高度重视。

（1）要按照竞技状态的消长规律培养竞技状态。

（2）通过比赛，努力发挥训练水平，培养运动员的战术能力，提高心理素质。

（3）着眼长远，要努力提高试举成功率。

（4）要克服侥幸心理，开把重量不能一锤子买卖。

（5）教练员要懂技术规则，要了解和掌握各方面信息。

（6）各年龄段男子应达到的举重成绩（仅供参考）。

男子的基本要求是经过 5~6 年的系统训练，到 15~16 岁时应超过一级，接近或达到运动健将水平（女子的基本要求与男子一致）。表 9-5 为不同年龄组各级别总成绩每年应提高的幅度。

表 9-5　男子 12~16 岁年龄组各级别总成绩每年应提高幅度

级别（公斤级）	假定最初成绩（公斤）	第 1 年 12 岁（公斤）	第 2 年 13 岁（公斤）	第 3 年 14 岁（公斤）	第 4 年 15 岁（公斤）	第 5 年 16 岁（公斤）	第 5 年应达到的总成绩（公斤）
52	120	37. 5 157. 5	27. 5 185	20 205	15 220	10 230	230
56	127. 5	42. 5 提高后 170	30 提高后 200	22. 5 提高后 222. 5	17. 5 提高后 240	12. 5 提高后 252. 5	252. 5
62	135	45 提高后 180	32. 5 提高后 212. 5	25 提高后 237. 5	17. 5 提高后 255	15 提高后 270	270
69	145	47. 5 提高后 192. 5	35 提高后 227. 5	27. 5 提高后 255	20 提高后 275	15 提高后 290	290
77	155	52. 5 提高后 207. 5	37. 5 提高后 245	32. 5 提高后 277. 5	22. 5 提高后 300	17. 5 提高后 317. 5	317. 5
85	165	55 提高后 220	40 提高后 260	32. 5 提高后 292. 5	22. 5 提高后 315	17. 5 提高后 332. 5	332. 5
94	175	57. 5 提高后 232. 5	42. 5 提高后 275	32. 5 提高后 307. 5	22. 5 提高后 330	17. 5 提高后 347. 5	347. 5

（引自：杨世勇．体育院校通用教材　举重运动教程［M］．人民体育出版社，2014.）

四、科学管理、营养与医务监督

举重训练离不开管理。管理出成效，科学管理出成绩。没有严格管理要达到高水平是不可能的。教练员要善于学习和掌握科学的管理理论与方法，并努力应用。以下实例和教训值得认真思索。

例 1：1984 年奥运会，中国举重队一名优秀选手因言论不当和其他原因，导致奥运会落选。

例 2：1988 年奥运会，由于对外国选手的信息了解不够准确，新闻媒体也认为中国举重队一名总成绩和挺举世界纪录保持者可以稳获 52 公斤级冠军，对夺冠的困难估计不足，赛前盲目乐观，比赛中在强劲的对手面前心态和技术水平失衡，成功率仅有 33. 3%，仅获铜牌。

例 3：1992 年奥运会，中国举重队一名队员因自我饮食不加控制，赛前半年体重飙升，降 7.5 公斤体重导致体力下降，抓举 3 次试举失败。

例 4：2004 年奥运会，中国男子举重队一名队员（世界纪录保持者）因对教练员的严格管理不满，在纪律方面自我约束不够，以及降体重不当等原因，与金牌无缘。

例 5：2005 年全运会，一名奥运会冠军在抓举超水平发挥的情况下，挺举开把试举重量与教练员沟通不够，没有严格按照实际情况稳妥地选定第一次挺举试举重量，结果挺举 3 次失败，痛失金牌。

例 6：2012 年伦敦奥运会，因住宿条件欠佳等外部原因，中国举重队一名很有实力的运动员赛前一天睡眠受到严重影响，与金牌无缘。

例 7：2016 年里约奥运会，中国男队一名著名选手—总成绩和挺举世界纪录创造者因为赛前体重控制出现失误，导致赛前抽筋而无缘金牌。

例 8：问题青年皮尔罗斯·迪马斯，原为阿尔巴尼亚选手，后加入希腊国籍。1991 年因违纪，几乎被希腊国家举重队开除，经过严格的教育和管理，改正了不足，成就了"奥运会冠军三连冠"的梦想。先后于 1992 年、1996 年和 2000 年连续夺得奥运会冠军，并 10 余次打破世界纪录，2004 年 33 岁时还夺得奥运会铜牌。

医务监督与科研是现代举重训练的重要方面，包括：恢复措施、营养、伤病防治、训练状态和技术监控、科技手段应用等。缺乏医务监督与科研要达到世界水平是很难想象的。此外，如何防伤治病，以及在有伤病的情况下如何坚持系统训练也是极为重要的。

五、心理素质的培养与提高

良好的心理素质也是举重运动员竞技能力的重要组成部分。

例 1：1957 年陈镜开在莫斯科国际比赛中，在有腰伤的情况下奋力挺举起 140 公斤，打破世界纪录，在赛场升起了国旗，奏响了国歌。

例 2：1996 年唐灵生在奥运会 59 公斤级比赛中挺举起 170 公斤，因裁判员未及时发令，他支撑了至少 5 秒钟。

例 3：2008 年北京奥运会，陆永在 85 公斤级挺举比赛中第二次试举成功举起 214 公斤，3 名裁判员判成功，但是在 5 位仲裁意见不一致的情况下改判失败。在如此困难的情况下，陆永第三次试举又成功地挺举起了 214 公斤，赢得了宝贵的奥运会金牌。

例 4：湖南选手王明娟 2001 年获全运会 48 公斤级冠军，2003 年城运会砸锅失败，2004 年和 2008 奥运会均因伤落选，2012 年奥运会勇夺金牌。

例 5：1992 年，某省的一位 59 公斤级运动员，亚洲青年冠军，很有前途，但是经不起挫折，个人愿望未及时满足，18 岁就愤而退役。一名很有前途的举坛之星就此陨落。

"艰难困苦，玉汝于成""宝剑锋从磨砺出，梅花香自苦寒来"。系统论的观点认为：任何成绩的取得都是多方面综合作用的结果。因此，必须在各方面最优化，才能实现总体目标。

六、男子奥运会冠军的事例分析

例1：保罗·安德森，美国选手，1956年奥运会冠军。力量指标为深蹲547公斤，卧推284公斤，硬拉371公斤，肩背负重（台式深蹲）2.84吨。作为有记载的历史上力气最大的人，安德森在他保持较好竞技状态的30年间一直没有遇到过对手。他的力量经常让对手瞠目结舌。至今他还保持着台式深蹲的世界纪录，杠铃深蹲成绩排名史上第四。安德森凭借着超群的极限力量，多次获得举重世界冠军，但他的举重技术不佳（最多挺举196公斤），未能充分发挥力量水平。仅有技术而没有力量，技术再好也等于零；只有力量而不具备完美的技术，力量也得不到充分发挥。

例2：瓦西里·阿列克谢耶夫，苏联运动员，生于1942年1月7日。身高1.85米，体重153公斤。在1972年奥运会上以总成绩640（235+175＋230）公斤夺得110公斤以上级金牌。1976年奥运会以440（185＋255）公斤蝉联冠军。1970年至1977年，6次获得世界锦标赛冠军，80次刷新推举、抓举、挺举和总成绩（三项总成绩、两项总成绩）世界纪录，是创世界纪录次数最多的举重运动员。阿列克谢耶夫运动素质突出（100米跑11秒，跳高1.90米），但举重训练较晚（原为排球运动员，18岁才开始练习举重）。

例3：瓦尔达尼扬，出生于1956年6月13日，亚美尼亚人。先后36次打破75公斤级、82.5公斤级、90公斤级抓举、挺举及总成绩世界纪录，21次获单项或总成绩世界冠军。第22届奥运会和1984年友谊运动会金牌得主，1980年7月在莫斯科举行的第22届奥运会上以400（177.5+222.5）公斤的成绩获90公斤级冠军。其运动素质（立定跳远3.3米，跳高2.10米，30米短跑起跑超过国家队选手）、身体形态（身高1.71米）出类拔萃。

例4：占旭刚，出生于1974年，浙江开化人。1996年在第26届奥运会上以357.5（162.5+195）公斤的成绩获70公斤级冠军，并打破抓举、挺举及总成绩世界纪录。2000年9月，在第27届奥运会上以367.5公斤成绩获77公斤级冠军，成为中国首位两届奥运会举重冠军。其特点是腿部力量突出（后蹲290公斤）。

例5：苏莱曼诺尔古。1967年出生于保加利亚，祖籍土耳其，有“举坛神童”美誉。16岁就开始创造世界纪录。1986年由保加利亚到土耳其，1988年奥运会以342.5（152.5+190）公斤的绝对优势获60公斤级冠军。1992、1996年奥运会又两次获得64公斤级金牌，成为首位在奥运会举重比赛中荣获3枚金牌的运动员。2005—2008年，担任国际举重联合会副主席。苏莱曼诺尔古身高仅1.52米，9岁开始训练，15岁获世界青年锦标赛冠军，是技术和力量完美结合的典范（后蹲仅230公斤，下蹲翻195公斤，1988 年奥运会挺举 190 公斤）。

例 6：皮尔罗斯·迪马斯，1971 年 10 月 13 日出生于阿尔巴尼亚，1988 年移居希腊。纪律性差，不服从管理，几乎被希腊举重队开除。但浪子回头后成为希腊举重国宝。1992 年在第 25 届奥运会上，他首次代表希腊以 370（167.5+202.5）公斤夺得 82.5 公斤级冠军，1996 年在第 26 届奥运会上以 392.5（180+212.5）公斤获 83 公斤级金牌，2000 年在第 27 届奥运会以 390（175+215）公斤夺得 85 公斤级冠军，2004 年在雅典举行的第 28 届奥运会以 377.5 公斤获 85 公斤级铜牌。他曾 10 余次打破世界纪录并获世界冠军，是首位获得 3 金 1 铜奥运会举重奖牌的运动员。其特点是技术、力量、心理完美结合。

例 7：卡基亚什维利斯，1969 年出生于格鲁吉亚。获得过 3 届奥运会冠军，其中 1 届代表独联体，2 届代表希腊。1992 年在第 25 届奥运会上，他代表独联体以总成绩 412.5（177.5+235）公斤夺得 90 公斤级冠军。1994 年他移居希腊。1996 年在第 26 届奥运会上他代表希腊以 420（185+ 235）公斤的总成绩获 99 公斤级金牌，2000 年在第 27 届奥运会上代表希腊以 405（185+220）公斤的总成绩夺得 94 公斤级冠军。他曾多次打破世界纪录并获世界冠军。

第四节　女子优秀运动员的培养

从 2000 年至 2016 年举办的共 5 届奥运会上，中国女子举重运动员共获得 17 枚金牌，创造了辉煌成绩。中国女子举重的成功经验主要是：抓得早，起步快，全国一盘棋进行系统管理；有一整套切实可行的选拔、训练、集训的管理制度；借鉴和优化男子训练方法；优化训练内容，注意强度和有效组数的结合；严格管理，竞争性强，科研和训练紧密结合。

一、选材

女子选材总体要求趋向于男性化，其生理、形态指标的要求亦趋向于男性化，即汗毛重，毛发多而密，乳房小等，优秀女运动员乳房发育指标较低。统计数据表明：女子发育和出成绩的年龄均比男子早一年左右，对女子的选材与育才可以略早于男子。

二、体能训练

（一）身体形态

女子身体形态与男子相比，身高低、体重轻、肩部窄、臀部宽、下肢短、躯干长、重心低、身体各部分的围度较小，这种形态特点有利于下肢力量发展。但在速度、爆发力方面不如男子，故可多安排一些中小重量的快速力量练习发展动作速度。

（二）身体机能

正常女子血睾酮水平约为男子的10%。血睾酮水平越高，力量潜力越大。

女子在糖的有氧代谢能力和心血管系统功能方面高于男子，利用脂肪酸供能方面也高于男子，故女子具有较好的力量耐力，能承担较大的负荷量和强度。女子在利用肌肉弹性能量方面要强于男子。

（三）运动素质

女子肌肉纤细，肌肉重量占总体重的35%左右，每平方厘米肌纤维为7.1千克（男子为9.2千克）。女子的最大力量是男子的53%~74%，最大肌力是男子最大肌力的53%~74%，相对力量也小于男子。女子椎间盘比男子厚，关节囊和韧带比较薄，因而关节活动范围大，柔软性较男子好，动作协调优美。停止训练后，女子的力量比男子消退得快。

鉴于上述原因，女子要加强一般和专项体能训练。在一般体能训练中，可以通过各种跳跃练习、跑步、球类活动，以及柔软、灵敏性练习等提高身体机能水平和一般运动素质。专项体能训练应该侧重于专项力量的训练，特别是爆发力、绝对力量和专项力量耐力。此外，应加强上肢支撑力量、腰背部肌群力量和腿部力量训练。

三、技术训练和心理训练

（一）技术训练

女子柔韧性、协调性和稳定性较好，有利于掌握举重技术。但由于女子力量较弱，爆发力和关节支撑稳定性比较差，因此要加强动作速度、力量、节奏感和支撑力量的训练。一方面在技术训练中要突出强调这方面的要求；另一方面要加强爆发力的训练，提高速度力量和支撑力量。教练员应该根据女子的特点，把女子举重运动员的技术训练、肌肉力量训练与其他专项素质训练很好地结合起来。

（二）心理训练

举重是力量的象征，历来都被看作是表现男子阳刚之气的运动项目，而女子举重打破传统女子柔美观念，也显示出她们的阳刚之气。从理论来讲，应该是“女子男性化”。但毕竟男女心理有别，突出表现在女子胆量较小、缺乏自信、自尊心强、好面子、依赖性大、心理承受力较差、对自己力量能力估计不足等，解决这些心理现象要通过多方面调节。比如，可以在确保每一次试举成功的前提下冲击以往的新重量；在体能下降时减小强度，确保试举成功；在比赛中安排试举力所能及的重量，确保成功率。这就是“试举成功法”，即通过每一次试举成功，树立和巩固她们的胆量、自信、自尊，使她们对自己的能力有正确的估计。当然，训练和比赛中不可能都是成功，也会出现试举失败的时候。试举失败时要弄清楚是主观原因还是客观原因，要了解诱因。一般可以通过“语言法”和“暗示法”给予精神开导和鼓励，多肯定长处，少批评缺点，且方法要得当，以此消除她们的精神顾虑。同时管理要妥当，不要事事管得太紧太细，要有目的地逐渐消除她们的依赖性，树立独立性。

女性爱美是天性，尤其是体形美。举重是一项艰苦、劳累的体能项目。突出的力量训练特点以及下蹲类、上拉类、支撑类的动作训练必定导致运动员腿粗、腰粗、肩宽和手臂粗壮的肌肉型结果。另外，举重训练还有一个突出的特点就是训练器械的铁质性。这种铁质性容易引起女孩娇嫩的手掌磨出血泡甚至撕破。初级训练者由于提铃环节要领掌握不好，杠铃杆上拉时磨破小腿。也可能由于挺举翻铃技术衔接不好，杠铃重量重压在胸锁关节处，造成出血和肿胀现象。要消除上述情况造成的思想负担应注意以下四点：

①训练内容、动作、速度、负荷量与强度搭配应有科学性。

②每一次试举都要求动作标准。

③不要随意地大幅度地增加体重，越级参赛。

④注意培养气质、内涵、修养。

四、经期训练和比赛

（一）经期训练

月经是指女子有规律的周期性的子宫出血现象，是一种正常生理现象。出血的第一天为月经周期的开始，两次月经第一天的间隔时间称为一个月经周期，一般为28～30天，正常月经出血持续约3～5天，称为月经期。由于个人情况不同，月经期所表现的各种心理、生理反应也不同。持续时间有长有短，出血量有多有少，不适反应有强有弱，承受运动负荷能力有大有小。因此，应根据她们的不同情况因人而异地安排训练。

女性还有正常经期和人工经期现象，正常经期容易引起头痛、失眠、精神抑郁、易于激动等轻度的神经系统不稳定症状，而人工经期是人为地打乱正常的月经规律，容易引起心理不适。对此，教练员应该高度重视，预防心理波动影响训练。

1. 正常型

运动员在月经期多数表现为正常型（占64%），此类经期自我感觉良好，运动能力不变，心血管机能试验正常。

一般情况下，月经期间盆腔充血，子宫血流量增多，因此，有些运动员感觉下腹、腰骶部有下坠感，在此期间动作安排上应少做练习，严重者避免做深蹲和腰腹肌练习。如果有必要做下蹲动作也应安排浅蹲或半蹲动作，同时运动负荷强度和量应适当减少，可等经期结束之后再适当增加。

要结合月经周期安排训练计划，正常型经期安排可用高抓替代下蹲抓、高翻替代下蹲翻，运动负荷适当减少。

2. 抑制型

运动员抑制型（占23%）月经期自觉疲乏无力，嗜睡，体力及一般工作能力下降，厌烦训练。

抑制型经期训练动作安排应多一些上肢力量练习，运动负荷做适当调整，严重者可安排停训一两天。

3. 兴奋型

兴奋型（占10%）经期情绪异常激动，各种生理指标有提高的趋势，肌肉发紧，动作僵硬，下腹有痉挛性疼痛，头晕，睡眠差，心率快，呼吸频率增加，血压升高。

兴奋型经期动作安排亦应多一些上肢力量练习，运动负荷做适当调整，严重者可安排停训一两天。

4. 病理型

病理型（占3%~5%）月经期感觉腰背疼痛，头痛，睡眠不佳，恶心，口渴，全身不适，不愿训练。

病理型经期应当根据严重程度停止训练两三天。

总之，月经期训练应根据反应的不同类型区别对待地安排训练，结合月经周期安排运动量节奏，对初潮的少女应给予更多的关心，经期1~3天可适当减量。

（二）经期比赛

女运动员常常会碰到比赛期间与月经期间相一致的情况，这就面临两种选择。

1. 在经期参加比赛

选择在月经期间参加比赛者应是月经正常型运动员，在比赛期能够正常训练，很好地完成训练指标，比赛时能够把竞技状态调整到最佳，至少是正常。

2. 人工控制月经周期

人工控制月经周期就是使其与比赛期间错开。选择人工控制月经周期的对象应是平时尚未养成经期训练习惯、经期有明显不良感觉、体力下降、影响运动能力发挥的运动员。

人工控制月经周期可分为提前和推迟行经日期两种方法。需要选择何种方法，提前或推迟的天数应根据个体差异进行安排，总之是以到比赛时能够形成最佳竞技状态的标准为主。

经期比赛前应注意休息、营养、保暖和卫生，在可能情况下尽量少减体重。比赛期间，还需要注意同室队友的安排，有可能某个队员来了例假而“传染”给另一个的现象，使得经期调整前功尽弃。另外，不管是训练和比赛必须注意运动员的月经失调现象，在失调的情况下，训练和比赛的计划也应随之调整变化。总之，要从实际出发，区别对待，使运动员在较好的机能状态下去参加比赛，从而取得较好的运动成绩。

学习思考题

1. 简述培养奥运会冠军的基本要求。
2. 简述培养女子优秀运动员应该注意的问题。

参考文献

[1] 杨世勇．奥运会举重冠军成绩增长规律的年龄特征研究 [J]．成都体育学院学报，1999（1）．

[2] 杨世勇，崔文鹏．奥运会女子举重冠军成绩增长规律及制胜因素 [J]．成都体育学院学报，2016（6）．

[3] 杨世勇．中国举重再续辉煌的研究 [J]．成都体育学院学报，2009（11）．

[4] 杨世勇，董生辉，马先英，等．举重世界纪录及奥运会举重概览 [M]．成都：四川省科学技术出版社，2007.

[5] 钱光鉴，杨世勇．亚洲举重史 [M]．北京．人民体育出版社，1996.

[6] David Webster. The Iran Game-An illustrated ofWeightlifting [M]. Great Britain, 1976.

[7] Gottfried Schodl. The Lost Past-A Story of the International WeightliftingFederation [M] . IWF, Hungary, 1992.

[8] Ture Widlund. Weightlifting at the Olympic Games 1896-1988 [M]. IWF, Hungary, 1989.

[9] Yang shiyong. Resarch on the Age Characteristics of Olympic Champions in Men Weightlifting. Proceedings of 2004. Pre-Olympic Congress. Volume 1—2. Aristotle University of Thessaloniki, Greece.

[10] Yang shiyong. A Brief History of Weightlifting in Ancient China. Asian Weightlifting [J]. Singapore: The Asian Weightlifting Federation, 1996 (4).

[11] Mihal Aptaker. The History of World Weightlifting Championships [J]. World Weightlifting, 1983 (2).

[12] 杨世勇．奥运会举重冠军成绩增长规律的年龄特征研究 [J]．体育科学，1999（1）．

[13] 杨世勇．举重运动史略 [J]．体育与科学，1987（6）．

[14] 杨世勇．体育院校通用教材 举重运动教程 [M]．北京：人民体育出版社，2014.

[15] 杨世勇．体育科研方法概论 [M]．北京：人民体育出版社，2006.

[16] 杨世勇．体育科研方法论 [M]．成都：成都科技大学出版社，1989.

[17] 杨世勇，张婕，杨棠勋，等．力拔千斤——重竞技运动 [M]．北京：世界图书出版公司，2010.

[18] 于学岭，杨世勇．一百位体育世界冠军 [M]．北京：中国青年出版社，1994.

[19] 杨世勇．中国体育为何强大 [N]．马来西亚．CHINA PRESS（中国报），2002-11-29.

[20] 杨世勇．女子举重史话 [N]．中国体育报，1987-03-21.

[21] 杨世勇，唐照华．举重创破世界纪录的历史探索 [J]．成都体育学院学报，1995 (4).

[22] 杨世勇．世界举重大赛获奖牌国家的情况分析 [J]．成都体育学院学报，1995 (1).

[23] 杨世勇．历年创举重世界纪录的国家（地区）述评 [J]．中国体育科技，1994 (12).

附录

举重技术规则简介

技术规则是举重竞赛的法则，是举重竞赛必须遵守的规定、技术标准和行为规范；其宗旨是提倡公平、公正竞赛，限制不规范的技术和行为，保证和促进举重运动的健康发展。我国的举重竞赛均按照国际举重联合会的技术规则执行。

一、竞赛器材、场地及服装

1. 竞赛器材

举重比赛的竞赛器材为杠铃，它由杠铃杆、杠铃片及卡箍三部分组成。

（1）杠铃杆：男子杠铃杆重 20 公斤，长 2200 毫米，直径 28 毫米；女子杠铃杆重 15 公斤，长 2010 毫米，直径 25 毫米。杠铃杆上必须有彩色标记以便于辨认。男子横杠用蓝色标记，女子横杠用黄色标记。这两种颜色分别与 20 公斤和 15 公斤的铃片颜色相同。

（2）杠铃片：25 公斤——红色；20 公斤——蓝色；15 公斤——黄色；10 公斤——绿色；5 公斤——白色；5 公斤——红色；2 公斤——蓝色；1. 5 公斤——黄色；1 公斤——绿色；0. 5 公斤——黑色。

（3）卡箍：为使杠铃片固定在杠铃杆上，每根杠铃必须配备有两个重 2. 5 公斤的卡箍（男、女相同）。

2. 场地

（1）举重台：举重台（设置于大台之上）为正方形，边长 4 米，台高 10 厘米，周围 1 米之内不得放置物品，包括杠铃。举重台可用木料、塑胶或其他坚固的材料制成，表面可覆盖防滑材料。如果举重台周边的地板颜色与举重台的颜色相似或相同，则台的边缘须用一条不同颜色的线标明，线的宽度至少为 15 厘米。

（2）大台：大台最小尺寸为 10 米×10 米，须连接有标准尺寸的台阶，从裁判员和仲裁座椅位置高度来测量必须小于 1 米，须在运动员入场一侧靠近举重台的位置上提供松香和镁粉，并在大台附近为加重员放置杠铃清洁材料和工具。

比赛时，须为运动员在赛区附近提供一个准备活动室，并根据运动员人数配备一定数量的举重台、杠铃、镁粉等。另外，还需配备扩音器、计时显示器及计分板。计分板上显示按照顺序号排列的运动员名字、体重，并注明每位运动员赛前要求试举的重量。

3. 竞赛服装、护具

（1）举重服：举重服可以是上下一件的连衣裤，或是分开的，但必须为紧身衣，且能遮住躯干部分，不得有衣领，颜色不限，不得遮住肘部和膝部；举重服内可穿一件T恤，但袖长不得遮住肘部，同时不能有衣领，举重服里面或外面可穿紧身连衣裤，但不得遮住膝部。

（2）举重鞋：举重鞋的鞋底不得超过鞋帮5毫米，鞋帮高不超过130毫米，不能穿高跟鞋，鞋底厚度不限；允许脚背处有一根扣带，鞋帮部分可重点加固。

（3）举重腰带：举重腰带必须系在举重服外面，其最宽处不得超过120毫米。

（4）绷带、线带和橡皮膏：手腕、膝部和手部可缠用绷带、线带或橡皮膏。手指或拇指上也可缠线带或橡皮膏。绷带可用纱布、医用绉丝或皮革制成。膝部可缠不影响活动的整条弹性绷带或胶皮护膝，但护膝不能以任何方式加厚。手腕上的绷带宽度不超过100毫米，膝部绷带宽度不超过300毫米，长度不限。橡皮膏、线带或绷带可系在手腕上，但不得缠扎在横杠上。允许戴特制的无指手套，但只可盖住手指的第一指骨。肘部、躯干、大腿、胫部和手臂不允许使用绷带或绷带的代用品。身体任何部位只准使用同一种类型的绷带。比赛服装与绷带之间必须分离明显。

二、竞赛动作规则

1. 两种举式通则

（1）允许采用“锁握”技术，即握杆时其他手指扣压住拇指的最后一个指关节。

（2）比赛中，运动员提铃后超过膝盖高度，即为一次试举。

（3）当裁判员发令放下杠铃后，运动员必须从身体前面将杠铃放下，不得有意或无意让其掉下。在杠铃降至胸部时两手方可松开。

（4）运动员如因肘部生理缺陷不能完全伸直手臂时，应在比赛前向3名裁判员和仲裁委员会报告。

（5）采用下蹲式抓举、挺举或提铃至胸时，运动员可借助身体的弹动起立，次数、时间不限。

（6）禁止运动员在大腿处使用润滑脂、油、水、滑石粉或任何类似的润滑剂。到达赛场时腿上不允许有任何东西。对使用润滑剂的运动员，裁判员将令其擦掉。此时，计时继续。

（7）上场后允许在手和大腿等处使用镁粉。

2. 犯规动作

（1）所有举式中犯规动作

①悬垂提铃以及提拉杠铃向上的动作过程中有停顿。

②除两脚外，身体其他部位触及举重台面。

③伸展臂部过程中有停顿。

④用推举完成动作。

⑤起立时肘部有屈伸。

⑥试举时身体任何部位触及举重台以外的地方。

⑦试举完成时从肩部以上的身体部位扔下杠铃。

⑧放下杠铃时，杠铃未整体接触举重台。

⑨试举开始时没有面对中间裁判。

⑩在裁判员发令前放下杠铃。

（2）抓举犯规动作

①试举过程中有停顿。

②横杠触及头部（包括头发和头上饰品）。

（3）挺举犯规动作

①提铃至胸：杠铃提到肩部前横杆放置胸部并调铃；肘部或上臂触及大腿或膝部。

②上挺：任何明显用力上挺而未完成的动作，包括下降身体或屈膝；上挺前任何有意使杠铃颤动及运动员与杠铃未处于静止状态。

（4）没有完成的动作和位置

①完成试举时两臂伸展不平均或不完全。

②完成动作时，未能使两脚站在与杠铃和身体平面相平行的同一条横线上。

③完成试举时膝关节没有完全伸直。

三、举重竞赛的组织

1. 举重竞赛的组织工作

（1）成立竞赛组织机构：赛前要组成竞赛组织机构，负责进行赛前、赛后的一切工作。竞赛组织机构大小应根据竞赛的规模决定，下设办公室、竞赛组、后勤保障组、场地组及仲裁委员会、裁判员等。

（2）制定竞赛规程：竞赛规程的内容应包括竞赛名称、竞赛时间、举办地点、竞赛项目、参加办法、竞赛办法、名次评定与奖励办法、裁判员要求、报名和接待以及其他相关规定等。

（3）接受报名：根据竞赛规程要求，确定比赛运动队及队员。

（4）制订工作计划，编写秩序册。

竞赛组织机构各处根据职责范围，分头制订工作计划，按期落实，并定期检查工作进展情况。各处（组）间既要分工明确，又要协调配合。

秩序册是组织竞赛的主要文件，是各代表队和有关部门了解竞赛日程安排的主要依据。

（5）赛前准备工作

①组织赛前训练：在各队运动员按规定到达比赛场地前，应先制订好赛前训练安排表，组织各队运动员根据安排的时间表进行赛前训练。

②召开技术会议：赛前一天应召开有仲裁委员会主任、竞赛秘书长、竞赛秘书和各队教练员参加的技术会议。在技术会议上竞赛秘书长将就竞赛和技术规则的有关事宜进行说明，并进行最终报名的确认。各参赛单位在会议上将收到一份表格，并可在此表上进行如下确认或修改，如运动员姓名、出生日期、体重级别、报名总成绩等。但是不允许更换运动员。最终报名表确认后，表格上最多只能有 7 名女运动员和 8 名男运动员，每个级别最多两名运动员。最终报名表确认签字并返回后，即为最终报名。

最终报名确认后将进行抽签。抽签可用计算机进行，也可进行人工抽签。在整个比赛中，运动员都将使用该签号。签号决定称重、比赛试举顺序及运动员的分组。

③编排：根据抽签结果，确定每场比赛人员。主要遵循以下原则：

先女后男，先小级别后大级别；每场比赛人数 15 人左右为宜，超过 17 人即可分组进行；每级的分组，按报名总成绩的高低依次排列，报名总成绩较高的运动员尽量安排在后一组；一个级别要在一天内比赛完毕，而且要在同一举重台上进行；遇参赛人数较少等情况，也可以将两个级别或多个级别合并进行。

④称量体重。

⑤制定比赛记录表：竞赛秘书根据运动员卡片的签号顺序填写记录表，以备比赛中使用。

⑥赛后工作：比赛结束后宣布决定体育道德风尚奖的评选结果，组织闭幕式和发奖仪式，印发成绩册，安排和办理各队及裁判员离会有关事宜，完成赛会总结并向领导部门汇报。

2. 竞赛进程

（1）检录：检录员于赛前 15 分钟点名，集合参加该场比赛的运动员，并检查其服装、护具等，准备入场。

（2）介绍运动员、技术官员：每场比赛时，先按签号顺序介绍运动员，然后介绍技术官员（裁判员、候补裁判员、技术监督、医务监督），最后介绍仲裁委员会成员、竞赛秘书长。

（3）开始比赛：比赛时，先进行抓举，记录员根据记录表点名进行试举，由 3 名执行裁判员判定试举成败。抓举比赛结束后休息 10 分钟后再进行挺举。运动员抓举和挺举的次数各 3 次。

（4）颁奖仪式：颁奖仪式在比赛结束后进行，颁奖顺序为：第 3 名—第 2 名—第 1 名。

（5）竞赛过程中的若干规定

试举时间：运动员从点名到试举开始有 1 分钟时间。30 秒钟后，发出警铃声。连续试举距下一次试举有 2 分钟时间。规定时间 30 秒后或者规定时间结束前 30 秒钟，发出警铃声。如果时间结束时运动员未能将杠铃从举重台上提起，则 3 名裁判员判该次试举“失败”。

试举重量

①杠铃重量是逐渐增加的。运动员从最轻的重量开始试举，凡已宣布的重量加上杠铃后，就不得再减轻。

②杠铃重量必须是 1 公斤的倍数。

③运动员第 1 次、第 2 次试举成功后，杠铃自动增加的重量必须至少增加 1 公斤 。

④男子比赛可试举的最低重量为 26 公斤；女子比赛可试举的最低重量为 21 公斤。

⑤抓举和挺举中的起始重量，男子不得低于报名总成绩 20 公斤以上，女子不得低于报名总成绩 15 公斤以上。竞赛秘书、称重裁判员以及检录长、技术监督和仲裁负责监督执行这一规则。例如，一名男运动员报名参加比赛，他所报的总成绩为 200 公斤，他抓举和挺举中第一次试举的重量之和任何情况下都不得低于 180 公斤（比如 80 公斤和 100 公斤、70 公斤和 110 公斤或者任何其他重复组合）。

更改试举重量

教练员或运动员有两次机会更改试举重量，但必须在最后点名（30 秒）前进行修改。

若运动员进行连续试举（2 分钟的规定时间），运动员或教练员必须在点名后的前 30 秒更改重量。否则，将失去两次更改重量的权利。

更改重量时计时停止。如运动员要求更改重量后，由另一名运动员试举，则下一试举时间为 1 分钟。

若某名连续试举运动员因改重量而改变试举顺序，被点名的另一名运动员已经开始走表后又要求更改重量，从而导致第一名运动员再次被点名，那么这名运动员有 1 分钟试举时间。

运动员上场试举的顺序取决以下因素：杠铃重量（重量轻的先试举），试举次数（试举次数少的先试举），之前试举的顺序（先试举的排在前面），抽签号码（签号小的先试举）。

具体运用为：重量轻的先举；如果第 1 次试举重量相同则签号小的先举。如果第 2、3 次试举重量相同，则试举次数少的先举；如果试举次数也一样，则按之前试举的顺序上场试举。如下所示：

试举顺序示例						
抓举（公斤）				挺举（公斤）		
运动员 A	102	106	107	135	140	141
运动员 B	100	100	107	135	140	143
运动员 C	102	106	107	134	142	143

试举顺序：抓举 B-A-C，B-A-C，B-A-C；挺举 C-A-B，A-B-A，C-B-C。

杠铃重量加错或报错的处理： 当加重员在加装杠铃片时出错或广播报错时，仲裁委员会视情况将做不同处理，总原则是试举失败重获一次试举机会，试举成功可选择承认重量或重举一次，杠铃重量只承认 1 公斤的倍数。

例 1：当加完铃片后杠铃的重量未达到运动员的要求，而运动员试举又获得了成功并且杠铃增加的重量为 1 公斤的倍数。此时，运动员可根据自己的意愿承认这次试举有效，也可拒绝接受错误重量。如拒绝，则允许其按原先要求的重量增加一次试举。

例 2：当杠铃的重量未按 1 公斤的倍数增加，而该次试举又获得了成功。运动员可将该重量视做减去不足 1 公斤倍数后的重量而承认试举有效。

例 3：当杠铃以 1 公斤的重量递增，但最后重量超过了运动员的要求，而试举又获得了成功。运动员可根据自己的意愿承认试举有效或拒绝接受。若拒绝，则允许根据原先要求的重量增加一次试举。如发生错误时的试举失败，或者杠铃未以 1 公斤的倍数增加重量，则运动员自动获得机会按照原先要求的重量增加一次试举。

例 4：当试举失败是因为杠铃两端的重量加得不均衡，或举重台设置有误，可根据运动员或其教练员的要求允许增加一次试举。

例 5：当广播员在宣布试举重量时报错重量，仲裁委员会应按杠铃重量错误的做法允许运动员增加一次试举。

例 6：比赛中，因运动员没在举重台附近而未能看见其他选手比赛情况，而广播员又在该他上场试举时漏点，则必须减轻杠铃的重量。

混合级别或组别比赛的规定： 在两名运动员或两个队之间进行的不同级别的比赛，运动员可轮流试举。试举重量轻的运动员先举，并在每次试举中保持这一顺序。

休息时间： 抓举比赛结束后有 10 分钟休息时间。仲裁可延长或缩短休息时间，在此情况下需进行宣告。

试举成败的判定： 试举成败以 2 个或 2 个以上白灯（白旗）为成功，2 个或 2 个以上红灯（红旗）为失败。

名次评定

①个人名次评定：奥运会及其他综合性运动会举重比赛，是以抓举和挺举的总成绩来确定名次的；而举重锦标赛则计算抓举、挺举和总成绩的 3 项成绩。与名次有关的因素有：最好成绩，体重，完成最好成绩的时间，签号等。

单项名次：在抓举或挺举的 3 次试举中，举起的最高一次重量为单项成绩，单项名次按单项成绩确定。

总成绩名次：以抓举和挺举两项成绩的总和来确定。

单项成绩或总成绩相等时，以赛前体重轻者名次列前；如成绩和体重均相等，则先举起该重量的运动员名次列前；若都相同，则以签号小者排名在前。

②团体名次评定：根据各参赛单位运动员得分总和确定团体名次。取前 6 名计分办法：7、5、4、3、2、1；取前 10 名计分办法：12、9、8、7、6、5、4、3、2、1；取前 15 名计分办法：16、14、13、12、11、10、9、8、7、6、5、4、3、2、1。在世界和洲际锦标赛及根据国际举重联合会技术规则进行的比赛，分别取前 25 名进行抓举、挺举、总成绩排名计分，即：28、25、23、22、21、20、19、18、17、16、15、14、13、12、11、10、9、8、7、6、5、4、3、2、1。最后根据得分多少确定团体名次，得分多的团体名次列前。

团体计分办法只计总成绩得分，或者还计单项得分，可由竞赛规程规定。

团体得分相等时以第 1 名较多的团体名次列前；如仍相等，则以得第 2 名较多的团体名次列前；余此类推。如仍相等则名次并列。

在计单项名次的比赛中，即使运动员抓举全部失败，也允许参加挺举比赛。如挺举获得名次应计入相应得分，但总成绩不能得分。若比赛仅以总成绩颁发奖牌，抓举全部失败的运动员不能继续参赛。

抓举获得成功但挺举全部失败的运动员，可根据抓举名次计分，但总成绩不能计分。

破纪录规定

①国际举联承认男子 8 个和女子 7 个级别的世界成年、青年、少年和奥运会抓举、挺举、总成绩纪录。

②少年运动员可以打破世界少年、青年和成年纪录；青年运动员可以打破世界青年和成年纪录；成年运动员可以打破成年世界纪录。

③世界纪录只能在列入国际举联赛事表的竞赛中创造。

④奥运会纪录只能在奥运会比赛中创造。

⑤只有通过兴奋剂检查的运动员其新纪录才会得到承认。

⑥创造世界纪录时必须有 3 名国际级裁判员临场执裁。

⑦只有超过原纪录至少 1 千克时才被承认为新纪录；新纪录一旦创造，其他人不得以同样重量破该纪录。如遇两名或两名以上运动员均以同样重量超过原纪录，则先举起该重量的运动员为新纪录创造者。

⑧只有按规定参加竞赛的运动员才能做破纪录的试举（不参加抓举竞赛的运动员不能参加挺举比赛，包括破挺举纪录试举）。

⑨亚洲纪录只能在列入国际举重联合会和亚洲举重联合会赛事表的竞赛中创造，并必须有 3 名国际级裁判员临场执裁。全国纪录可以在国际比赛，全国比赛和经国家体育总局核准的比赛中创造，并必须有 3 名国家级或国家级以上裁判员临场执裁。只有通过兴奋剂检查的运动员其新纪录才会得到承认。

3. 竞赛级别

国际举联承认 4 个年龄组，即少年组（17 岁以下，含 17 岁）、青年组（20 岁以下，含 20 岁）、成年组和大师赛组。参加世界成年锦标赛、世界青年锦标赛、世界大学生锦标赛等赛事的男女运动员最低年龄为 15 岁；参加奥运会的男女运动员最低年龄为 16 岁；参加青少年奥运会的男女运动员年龄为 14~18 岁；参加少年赛事的最小年龄是 13 岁；参加大师赛组的最小年龄不低于 35 岁。运动员的年龄组别按照出生年计算。

（1）成年和青年男子组设 8 个级别：56 公斤级（体重 56 公斤或以下）；62 公斤级（体重 56. 01~62 公斤）；69 公斤级（体重 62. 01~69 公斤）；77 公斤级（体重 69. 01~77 公斤）；85 公斤级（体重 77. 01~85 公斤）；94 公斤级（体重 85. 01~94 公斤）；105 公斤级（体重 94. 01~105 公斤）；+105 公斤级（体重 105. 01 公斤以上）。

（2）成年和青年女子组设 7 个级别：48 公斤级（体重 48 公斤或以下）；53 公斤级（体重 48. 01~53 公斤）；58 公斤级（体重 53. 01~58 公斤）；63 公斤级（体重 58. 01~63 公斤）；69 公斤级（体重 63. 01~69 公斤）；75 公斤级（体重 69. 01~75 公斤）；+75 公斤级（体重 75 公斤以上）。

（3）少年男子组设 8 个级别：50 公斤级（体重 50 公斤或以下）；56 公斤级（体重 50. 01~56 公斤）；62 公斤级（体重 56. 01~62 公斤）；69 公斤级（体重 62. 01~ 69 公斤）；77 公斤级（体重 69. 01~77 公斤）；85 公斤级（体重 77. 01~85 公斤）；94 公斤级（体重 85. 01~94 公斤）；+94 公斤级（体重 94. 01 公斤以上）。

（4）少年女子组设 7 个级别：44 公斤级级（体重 44 公斤或以下）；48 公斤级（体重 44. 01~48 公斤）；53 公斤级（体重 48. 01~53 公斤）；58 公斤级（体重 53. 01~58 公斤）；63 公斤级（体重 58. 01~63 公斤）；69 公斤级（体重 63. 01~69 公斤）；+69 公斤级（体重 69 公斤以上）。

4. 裁判员职责

举重竞赛设有竞赛秘书长、仲裁、技术监督、裁判员、竞赛秘书、计时员、检录员、加重员、广播员、医务监督等，他们即相互配合又各司其责进行工作。

（1）竞赛秘书长（裁判长）

①负责整个比赛进程，并与仲裁委员会和技术监督密切合作。

②领导裁判人员学习和工作，制定竞赛程序，明确裁判分工，使裁判工作顺利进行。

③召开技术会议，核实运动员名单，监督抽签过程（若未进行电子抽签），必要时根据各参赛单位最终报名时确认的最好成绩进行分组。

④竞赛前检查训练、竞赛场地和器材设备，领取并核对各项纪录。

⑤监督称重以及分配称重室内的官员（国际举联技术规则及国际赛事对此专门要求）。

⑥比赛时监督试举顺序，包括竞赛管理系统的运作以及有关竞赛文件的确认与签发。

⑦每级、每项比赛结束后，审核竞赛成绩和名次，宣布获奖运动员名单。

⑧大会结束后，做好工作总结。

（2）仲裁委员

①保证比赛按照技术规则的要求进行。

②比赛前，接受裁判员递交的裁判证书。比赛后，仲裁主任须在执行任务裁判员的证书上签字，待一个级别比赛结束后退还给执行裁判员。

③比赛过程中，发出首次警告后，仲裁可通过表决一致决定更换有错判行为的裁判员。

④观察裁判员在整个比赛中的工作后，仲裁委员填写表格，可填写比赛过程中的任何事件。仲裁主任将表格上交。

⑤当多数仲裁判定裁判员评判出现技术性错误，仲裁经讨论后一致认为裁判员的判定有误时，有权撤销这一判定。以上决定需在仲裁主任的指挥下通过技术监督或其他官员与相关运动员（教练员）进行沟通，并通过广播员进行现场播报。

⑥为应用上述规则，仲裁委员必须使用仲裁桌上的设备对运动员每次试举做出他们的决定。这个设备必须配备 5 个绿色的二极管灯，5 个白色二极管灯和 5 个红色二极管灯，每位仲裁都有一个带有红色和白色按扭装置的部件。当仲裁委员按其中一个按扭时，绿灯先亮。当所有的仲裁做出他们的决定时，白色或红色二极管灯才会显示。

⑦仲裁在颁奖时必须坐在各自的座位上，同时还应监督所有裁判员都留在原地。

（3）技术监督（副裁判长）

①检查举重台、杠铃、磅秤、电子裁判灯系统、计时钟、准备活动室及其他比赛设施。

②检查裁判员着装是否正确。

③比赛前将裁判员的证书放在仲裁主席面前，并于赛后负责收回。

④赛前检查运动员服装。

⑤在比赛过程中，保证只有持通行证官员可陪同运动员在赛区和活动区内。

⑥保证当运动员比赛时任何人（包括技术监督本人）不能出现在举重台区域内。

⑦比赛期间，保证成绩公布板的信息（运动员，试举次数，重量，时间，记录等）准确，并待广播员宣布完毕后才允许运动员上台试举。

⑧保证杠铃杆和举重台的清洁。

⑨协助竞赛秘书长的有关工作。

（4）裁判员

①参加称量运动员体重。比赛前参加介绍技术官员以后，将裁判证书递交仲裁主任。

②确保杠铃的重量与广播员宣布的重量相符。

③确保比赛过程中，除运动员外，其他人不得接触杠铃。

④裁判员必须通过裁判灯信号表明判定结果。白灯（旗）表示成功，红灯（旗）表示失败。

⑤试举动作完成后发出信号让运动员放下杠铃。

⑥若未使用电子裁判灯系统，侧裁判发现运动员试举过程中明显犯规，侧裁判可举起手臂示意有犯规动作。如另一名侧裁判或中间裁判同意他（她）的意见，则中间裁判员应立即发令停止试举，并示意运动员放下杠铃。

⑦若未使用电子裁判灯系统，可用小红、白旗代替红、白灯。裁判员通过举起相应的旗子表示自己的判定。

⑧比赛期间，裁判员不得试图影响其他裁判员的决定。

⑨如破纪录，在比赛记录单上签署。

⑩颁奖仪式时应留在原座位上。比赛结束后从仲裁席上收回由仲裁主任签名的裁判员证书。

（5）竞赛秘书（记录长）

①参加技术会议，负责搞好抽签工作。

②准备好比赛所需要的各种纪录和表格。

③协同竞赛组根据技术会议确定的运动员参赛名单，编制比赛秩序单，送竞赛组审核付印。

④称量体重时，协同检录员发放运动员卡片，在称量体重表上准确记录称量的运动员体重，编写比赛记录表。

⑤比赛中审核试举顺序，记录运动员每次试举的成败和裁判员的判决，及时处理记录工作中发生的问题。

⑥每级各项比赛结束时，审核获奖运动员名次，经竞赛秘书长审批，立即分送检录员。

⑦比赛结束后，按总成绩整理该级成绩单，填写好破纪录成绩证明单和等级运动员成绩证明单等。

⑧统计获奖运动员成绩及名次，协助竞赛组审核成绩记录表和团体总分表。

⑨协助竞赛组编印成绩册，整理比赛资料送竞赛组归档。

（6）计时员

①赛前认真检查、核准计时表。

②在每次试举开始前设置1分钟或2分钟（连续试举）并启动表。在播音员宣布试举后或杠铃片增加后开始计时，计时以两者之中后结束者为准。

③杠铃提离举重台后即刻停止计时。

④若杠铃未达到膝盖高度，则重新开表计时。

⑤当出现改变试举重量或发生问题需要进行研究时，应立即停表，在仲裁委员会决定继续计时时，立即开表。

（7）检录员（长）

①称量体重前5分钟发放运动员卡片。

②赛前两小时，按签号通知运动员进入称量体重室，按参赛运动员名单发给相应的进入准备活动室入场证。

③介绍运动员前集合运动员讲解注意事项，发现弃权运动员立即通知竞赛秘书。

④比赛开始前介绍运动员时，带领运动员入场、退场。

⑤按广播员的点名，督促运动员出场试举和准备试举。

⑥检查运动员出场时的服装、护具。

⑦督促教练员在运动员试举结束后填写下一次试举重量。

⑧用手势或通讯工具向竞赛秘书（广播员或后场公布员）通报下一次试举重量，运动员更改试举重量后也应及时通报。

⑨比赛结束后如需发奖，应及时向竞赛秘书长索取获奖运动员名单，召集并带领获奖运动员出场领奖。

⑩协助通知有关兴奋剂的检查工作。

（8）广播员

广播员的职责是为了使比赛进程效率提高而进行恰如其分的广播。这包括点名运动员试举，通知下一位运动员准备。广播员助手的职责是接受检录员通知的重量（试举重量）变化信息并告诉广播员。

（9）加重员

①赛前协助核查比赛使用的杠铃重量。

②按广播员报告的重量准确地加好杠铃。必须对称地把最重的铃片加在最里面，其他按重量大小依次向外加。铃片摆放的位置须能让裁判员看清上面标明的重量，所

有铃片都必须用卡箍固定在横杠上。检查杠铃片是否加紧，卡箍是否松动，以及杠铃位置是否合适。

③竞赛中注意保护运动员安全。

④随时保持举重台和杠铃的整洁。